KB173606

2003/05 m-c

의심이 힘이다

배형민과 최문규의 건축 대화

목천건축 아카이브

동시대 건축의 현장 ①

집

의심이 힘이다
배형민과 최문규의 건축 대화
©배형민·최문규, 2019

초판 1쇄 펴낸날 2019년 4월 5일
초판 2쇄 펴낸날 2019년 12월 15일
지은이 배형민·최문규
펴낸이 이상희
펴낸곳 도서출판 집
디자인 슬기와 민

출판등록 2013년 5월 7일 2013-000132호
주소 서울 종로구 사직로 8길 15-2 4층
전화 02-6052-7013
팩스 02-6499-3049
이메일 zippub@naver.com

ISBN 979-11-88679-04-1 03610
잘못 만들어진 책은 바꿔드립니다.
책값은 뒤표지에 쓰여 있습니다.

이 도서의 국립중앙도서관
출판예정도서목록(CIP)은
서지정보유통지원시스템 홈페이지
(http://seoji.nl.go.kr)와
국가자료공동목록시스템
(http://www.nl.go.kr/kolisnet)에서
이용하실 수 있습니다.
(CIP제어번호: CIP2019009205)

차례

7 대화의 문을 열며 ― 배형민

17 배짱, 또는 건축은 재능이 필요한가?
29 아마추어와 프로
39 설계가 잘 안 돼요
49 같이하는 건축
59 비겁한 콘셉트의 개념

71 건축가의 악몽
87 코쿤 프로젝트, 또는 설계 크리틱의 병리학
101 애벌레, 번데기, 나비

113 담벼락 밑에 자는 아이
133 의심의 기계: 평면과 단면
149 이상한 생각: 입면
165 어디서 건축을 하는가?

181 외로운 청어, 또는 그림에 대하여
195 부산물은 나의 힘
207 말, 그림, 모형, 건축
223 건축은 질문이다

236 최문규의 그림 목록

대화의 문을 열며

배형민

최문규를 처음 만난 것은 2005년쯤, 동네에서였다. 나는
방배동으로 이사한 지 얼마 안 되었고, 가아건축은 우리
아파트에서 100m 남짓 떨어진 단독주택에 자리 잡고 있었다.
쌈지길이 완공된 지 얼마 안 되었고, 그가 아직 '젊은' 건축가
소리를 듣던 때였다. 동네 이웃으로 인연도 깊었지만 크고 작은
일을 함께 할 기회가 여러 번 있었다. 2008년 베니스 비엔날레
한국관 공동 큐레이터로, 목천건축아카이브에 쌈지길과 파주
출판도시 프로젝트 등의 모형을 기증하는 과정에서, 건축가협회
건축상 심사위원으로 답사와 회의를 하면서, 비평가로서 그의
건축에 대해 원고를 쓰면서, 건축에 대한 이야기를 나눌 기회가
많았다. 같이 하는 일이 없어 자주 만나지 못할 때도 가끔
방배동의 식당이나 술집에서 건축과 일상에 대해 이야기를
주고받았다. 국내외 여러 건축가와 만나 많은 이야기를
나누지만, 그는 건축에 대해 가장 직설적이고 솔직하게
이야기하는 건축가였다. 반쯤 농담인 것 같아도, 스스로
망가지는 것 같으면서도, 현실에 대한 통찰이 건축에 대한 많은
생각을 하게 만들었다. 저녁 자리에 함께하는 친구들뿐 아니라
더 많은 사람이 이 이야기를 들어야 한다는 생각을 계속 갖고

있었다. 여기에 더해 독자에게 전하고 싶은 또 한 가지 최문규의 세계가 있었다. 300권이 넘는 작은 수첩에 담겨 있는 그의 스케치이다. 많은 건축가가 수첩이나 스케치북에 그림을 그리고, 솜씨 좋은 건축가 또한 많지만, 최문규의 스케치는 그만의 독특한 매력이 있다. 수려함에 매혹되는 것이 아니다. 그의 말처럼 담백한 표현 속에 담긴 풍부한 감성과 생각이 매력이다. 인간의 유한함에 함께하는 필연적 슬픔, 어린 마음이 갖는 신기함과 호기심을 담은 그림들이다. 열려 있고 살아있는 그림이어서 좋다. 자기를 위해서 그린 스케치이지만 세상에 알리고 싶었다.

그래서 이렇게 대화와 그림이 병치된 책을 발상하게 되었다. 책을 만들려면 우리가 나누는 이야기를 원고로 만드는 과정이 필요했다. 2015년 가을 서울시립대학교 '현대건축론 2' 수업의 일환으로 대화와 답사를 운영하기로 했다. 학생들은 가아건축에서 모이기도 했고 파주출판도시, 헤이리 아트밸리, 숭실대학교 학생회관을 답사하였다. 당시 녹취된 내용이 중심이 되었지만 훨씬 오래 전부터 나눈 이야기를 편집해 담았다. 대화의 내용을 녹취하고 출판하는 데 목천건축아카이브의 지원을 받았다. 《의심이 힘이다》는 목천건축아카이브의 "동시대 건축의 현장" 시리즈를 출범시키는 책이다. 목천건축아카이브는 2013년부터 "한국 현대건축의 기록" 시리즈를 출간하고 있다. 2018년까지 여덟 권이 출간되었다. "한국 현대건축의 기록"이 구술채록을 통해 현역에서 은퇴한 건축가, 학자, 조직의 활동을 재구성하는 시리즈라면, "동시대 건축의 현장"은 형식의 구애를

받지 않고 지금 활발하게 움직이는 건축가, 학자, 기획자의
작업을 생생하게 전하는 것이 목적이다.

대화의 편집은 내가 주도했고, 그림 선정은 최문규가
이끌었다. 우리의 이야기를 경청하고 대화에 참여해 주었던
학생들, 대화 내용을 1차로 전사한 권석영, 답사와 대화를
녹취한 목천건축아카이브의 김태형이 있어 생생한 원고를 만들
수 있었다. 14년간 최문규와 같이 일하다 이제는 독립한 박운이
방대한 최문규의 스케치들을 정리하여 작은 책 안에 선별해
담을 수 있도록 도와주었다. 나와 여러 프로젝트를 함께해 준
최슬기·최성민 교수, 논리와 감각을 구분 없이 녹여내야 하는
책의 디자인을 기꺼이 맡아 주었다. 긴 시간, 책의 출간이
지연되었지만 우리를 믿고 지원을 아끼지 않은 목천건축
아카이브 김미현 국장, 나와 함께 목천아카이브의 운영위원으로
활동하는 최원준, 우동선, 전봉희 교수, 이 책의 구상과 의도를
믿어주고 출간을 해준 도서출판 집의 이상희 대표, 최문규와
함께 진심으로 감사의 마음을 전하고자 한다. 이렇듯 «의심이
힘이다»는 어느 한 사람이 만들 수 있는 책이 아니다. 이 책에
"같이 하는 건축"이라는 제목의 장이 있듯이, 책도 같이 만드는
것이다. 대화, 의심, 비약, 그리고 신뢰의 기운이 만든 책이다.

«의심이 힘이다»를 보면 짐작하겠지만 최문규는 비약과
은유의 귀재이다. 최문규가 즐기는 은유의 고리는 나와의 대화,
이 책의 글과 그림에서 뿐만 아니라 그의 건축 설계 과정에서도
작동한다. 대화는 창작처럼 신뢰와 의심이 함께할 때 가능하다.
건강한 의심은 자기와 남을 동시에 비판하는 태도이다. 신뢰는

상대방이 사심을 갖고 움직이지 않는다는 믿음이다. 그래서
대화가 가능한 것이다. 대화의 형식을 갖춘 책이 새로운 것은
아니다. 르코르뷔지에, 루이스 칸, 렘 콜하스 등 유명한
건축가와의 대화를 담은 책이 서점에 나와 있고, 잡지와 인터넷
매체에서 작가와의 인터뷰는 흔히 보는 포맷이다. 그러나
대부분 생각을 주고받기보다는 일방향의 이야기를 짧은 질문과
긴 대답으로 전하는 형식을 취한다. «의심이 힘이다»는
수단으로 대화를 동원한 것이 아니다. 신뢰와 의심을 공유하는
파트너가 있을 때 대화가 가능하다는 본질에 기대는 책이다.
최문규와 내가 나눈 대화가 만든 책이다.

   «의심이 힘이다»는 최문규의 작품집이 아니며 나는
비평가의 전형적인 입장에서 이 책을 편집한 것이 아니다. 그가
설계해 지어진 건축에 초점이 맞추어져 있지는 않지만 그의
상상력과 사고 과정을 잘 드러내 준다. 같이 작업하는 스태프의
제안을 받아들여, 집요한 모형 작업을 통해, 순간의 상상력으로,
재료와 디테일에 대한 탐색을 통해, 엔지니어의 계산에 의해,
최문규는 생각을 건물로 옮겨 간다. 신뢰와 의심이 동시에
작동할 때 은유의 힘이 작동할 수 있다. 때로는 문어와 미꾸라지,
계란과 치즈에 대한 상상으로 출발해서 철저하게 도시와 건설의
현실에 적응하는 건물을 완성한다. 복잡하게 얽혀 있는 통로를
한곳으로 정리했다가 다시 분산시키는 문어의 공간 위상, 계란
같이 껍질 안에 한 공간이 다른 공간을 에워싸고 있는 건축에
대한 발상이다. 직설과 비약을 동시에 엮어낼 수 있는 능력이다.
물론 완성된 건물의 모습이 계란이나 문어, 미꾸라지를 닮은

것은 아니다. 그림의 이미지가 건물의 형태가 되어버리고 마는
그런 단선적인 직설과는 거리가 먼 건축이다. 최문규의
건축에서 일관성을 찾는다면 건축의 생각과 조직이 명쾌하다는
것이다. 비약이 극적인 결과만 낳는 것이 아니다. 차분한 비약이
있다. 은유 또한 문학에 한정된 수사학이 아니다. 최문규의
건축은 아주 단순한 구성을 갖고 있는 것처럼 보이지만
현장에서의 경험은 도시 환경과 어우러져 무척이나 풍부하다.

　　그래서 그가 설계한 건물을 찾아가기를 적극 권한다.
20년간 활동해온 한국의 대표적인 건축가로는 작품 수가 많지
않다. 파리의 한국 학생 기숙사가 멀리 있고 한국과학기술원의
건물들은 출입이 통제되어 있지만, 파주출판도시와 헤이리,
그리고 숭실대, 연세대, 서울시립대의 시설은 어렵지 않게
방문할 수 있다. 인사동 쌈지길과 현대카드 뮤직 라이브러리는
이미 많은 사람들에게 친숙하다. 최문규의 건축과 그것이
함께하는 도시를 거닐며 이 책이 떠오른다면 저자로서 더 이상
바랄 것이 없다. 이 책의 글과 그림처럼, 화려함을 기대해서는
안 된다. 의심으로 출발하여 만든 건축임을 상기하며 현장의
명쾌하고, 적절한 건축의 존재감, 장소에 주는 긍정적인 힘을
확인하기를 기대한다.

　　창작자가 자기를 내보일 때 허세가 스며들기 일쑤다.
멋있어 보이려는 평범한 욕심, 세상은 스타를 원한다는
미디어의 통념에 창작의 현실이 흐려진다. 위대한 예술가를
천재적인 비극의 영웅으로 묘사하는 것은 엔터테인먼트가 될지
모르겠지만, 정작 창작에서는 부차적인 주제다. «의심이

시냇가에는 강이 흐른다.
그 강속에서 우리는 만난다.
그러나 강이 깊어야 한다. 너무나도 깊숙이...

그 수많이 떠흐르는강은 써 산는 하리 ...

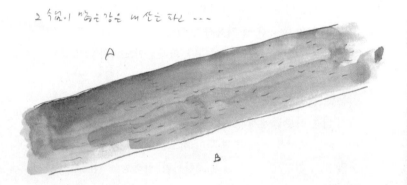

A

B

힘이다»는 일체의 영웅주의, 신비주의, 그리고 교조적 태도를
배척한다. 이 책의 말과 그림, 사진을 어떻게 읽을 것인지는
당연히 독자의 몫이다. 최문규는 건축가고 나는 학자이지만
우리가 학교 선생으로서 동감하는 것이 있다. 우리는 무언가를
'가르치는' 사람이 아니다. 선생은 문을 열어줄 뿐이다. 인연이
된다면 함께 문을 들어가 미래의 동료가 될 수도 있다. 하지만
문은 항상 그 앞에서 여는 것, 그 뒤에 무엇이 있을지 예언할
수는 없다. 최문규와 나는 근대의 통로를 거쳐 성장한 사람이고,
근대의 개념, 가치, 체제가 근본적으로 바뀌어야만 하는
상황에서 지당한 일이다. 근대는 생산과 소비, 블루칼라와
화이트칼라를 분리하였다. 이제 모두 창작자가 될 수 있는
시대가 온다고 한다. 과연 가능할까? 모든 것을 의심하라는
이 책이 의심하지 않는 것은 의심이 창작의 출발이라는 것이다.
삶의 전환이 절실할수록 '의심이 힘'이다.

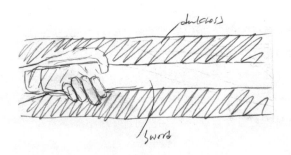

crossguard

sword

14

한번 맞잡은 손은는
너를 한번 놓만치라 있다

$$\frac{63}{2\sqrt{2}}$$

배짱,
또는 건축은 재능이
필요한가?

배형민

건축과 학생이나 건축사무실 초년병이라면 누구나 고민하는 문제가 있어요. "내가 건축에 재능이 있을까?" 스스로 재능이 없다고 생각하면 너무 괴롭고 슬프죠.

최문규

대부분 그런 경험이 있을 거예요. 나도 대학에 들어가 처음 설계했을 때 "자네는 재능이 없어. 앞으로 설계하지 않는 게 좋겠네."라는 말을 듣고 절망한 적이 있어요. '도대체 그 재능이라는 게 뭐지?' 다른 친구들이 하는 것도 나하고 크게 다르지 않다는 걸 알게 되면서 조금씩 벗어날 수 있었죠.

배 "건축에 재능이 있어."라는 말이 곧 건축가가 될 자질을 갖춘 것이라곤 생각하지 않아요. 학교에서 설계 잘한다는 평가를 받는 학생이 꼭 좋은 건축가가 되는 것도 아니고.

최 건축에 대한 호기심과 기대를 안고 대학에 들어오자마자 선생님한테 "너는 재능이 없어."라는 말을 들으면 다리가 풀리죠. 그 말에 충격받고 바로 설계를 포기하는 학생이 많아요.

떠도는 돌 96/11/12 m-c

스키 배울 때 처음에는 넘어지잖아요. 넘어질 때마다 "너는 안돼."라는 말을 들으면 자기가 재능이 없는 게 아닌가 하고 바로 포기할 수 있거든요. 그런데 넘어져도 계속 타면 어느 정도는 타게 돼요. 건축도 비슷해요. 처음엔 잘 안 되고 못 해도 계속하면 나아져요. 이제 막 시작하는 학생에게 재능이 없다는 말은 함부로 해선 안 돼요. 그보단 다시 일어나서 해 보라는 응원과 격려가 필요하죠.

배 넘어지면서도 계속 일어나려면 배짱이 있어야죠. 그런데 우리가 흔히 말하는 건축의 '재능'이 뭐지요? 건축은 확실히 다른 창작 분야보다 공간, 환경, 형태, 구조, 사람, 말하자면 전체를 보는 능력이 있어야 하는데.

최 맞아요. 모형 잘 만들거나 그림 잘 그리는 좁은 의미의 능력 말고 다른 것도 필요해요. 우선 구조나 설비, 시공 같은 다른 분야를 어느 정도 알고 건물로 통합시키는 능력이 필요하고 다른 분야의 사람과 협업하는 법도 익혀야 해요. 그래서 건축가가 되는데 시간이 많이 필요한 것인지도 모르죠. 이 일을 계속할 수 있는 끈기와 배짱은 반드시 있어야 해요. 공모전이나 현상설계에 좋은 설계안을 내고도 떨어지거나, 설계하는 중에 부정적 평가를 들었을 때, 건물이 완성된 후에 심한 비평을 들었을 때 견뎌내는 힘, 즉 배짱.

들어 둔늘 불이고 <u>¹¹/²¹</u> M-C
                  96

배 문학은 원고를 쓰면 그것으로 소설이 완성되고 화가는 그림을 그리면 그것이 작품이 되는데 건축가가 설계한다고 그것을 온전히 건축이라 생각하지 않죠. 신춘문예에 당선되지 않아도 출품했던 소설을 세상에 내보일 수 있잖아요. 근데 건축에서는 1등 빼고 나머지는 모두 패배자가 돼요. 건축 현상설계는 잔인하죠.

최 잔인해도 계속해야 해요. 나도 학생 때 공모전에서 숱하게 떨어졌어요. 지금도 그렇고. 그런데 떨어진다고 낙심하고 포기하면 다음 기회는 영 다시 오지 않아요. 아무리 위대한 투수도 패전 투수가 되잖아요. 지는 날은 언젠가 반드시 오는데, 졌다는 생각에 빠져 다시 공을 던지지 않는 건 말이 안 돼요. 극복해야죠. 훈련과 습관으로. 나는 설계 과정에서 필연적으로 생기는 상처를 덜 입기 위해 또 빨리 아물 수 있게 마음 근육을 키워요.

배 근육이 있어야 매 맞고도 버티는 맷집이 생기죠. 배짱은 타고나기도 하지만 키우는 것이네요. 하지만 건축은 음악이나 스포츠하고 달라요. 피아니스트나 골프 선수가 될 재능이 있는지는 아주 어린 나이에 결정되잖아요. 건축과 관련된 재능의 종류는 굉장히 다양하고 이것을 키우는 데 시간이 걸립니다. 스케치를 수려하게 하는 것도 하나의 재능이에요. 하지만 스케치가 예쁘지 않다고 건축을 못 하는 치명적인 이유가 되지는 않겠죠. 공간 지각 능력, 소통 능력, 인내심,

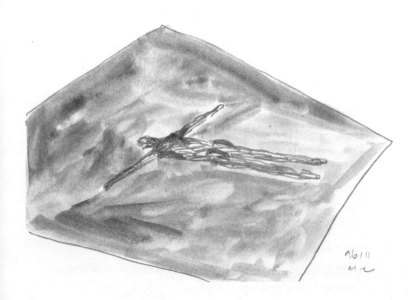

기획력, 건축에 필요한 재능은 다양하니까. 위대한 건축가도 저마다 독특한 재능이 있어요. 르코르뷔지에의 건축이 그런 모습인 이유가 있어요. 공간과 빛의 마술사 르코르뷔지에에게 인테리어 하라고 했으면 못했을 거예요.

최 건축은 음악처럼 어릴 때 시작해서 잘하면 대학에 가는 게 아니어서 자기가 무얼 잘하고 무얼 못하는지 알려면 몇 년이 걸리기도 해요. 지금 교육은 모든 학생을 위대한 건축가로 만들려 하는 경향이 있어요. 책에 나온 거랑 비슷하게 설계하면 잘했다고 하고 평범하게 설계하면 재능이 없다고 하죠. 속칭 위대한 건축가가 건축계를 이끌긴 하지만 대부분의 건물을 설계하는 건 평범한 건축가이거든요. 노벨상 의학상을 받는 의사도 있지만 독감을 치료해 주는 건 동네 의사고. 재능이 있는 한 명의 천재보다 상식적이고 도덕적인 전문가로서의 건축가가 더 많이 필요하잖아요.

배 아무리 천재여도 잘하는 게 있고 못 하는 게 있기 마련. 넓은 건축의 세계에서 저마다 자신의 길을 찾아가는 게 중요해요. 자기 사무실을 꼭 열어야 하는 것도 아니고.

최 그렇죠. 건축가는 당연히 재능이 있어야 한다고 생각하듯 모든 건축 지망생의 마지막 목표가 자기 사무소여야 한다는 건 이상하죠. 자신의 사무소를 열면 장점도 있지만 단점이 더 많아요. 설계도 해야 하고 사무실 관리와 경영도 해야 해서

박홍미어형의 기정을 보내는
인간들이 대한 하는체투하니하
건물이곳 어디 비둘들도 것들 내게로
라니니 제네를 무미네요 네니물을 어떻게
되겠군이

설계할 시간은 줄고 모든 책임을 져야 하거든요. 게다가
사무소의 규모를 키우지 않으면 대형 사무소에서 할 수 있는
크고 중요한 건물이나 해외에 설계할 기회가 거의 없어요.
그런데 건축과에 들어오면 위대한 건축가가 되고 자기 사무소
개업을 궁극의 목표처럼 가르치죠.

배 건축이라는 영역은 무궁무진하게 넓어요. 공무원, 건설회사,
부동산 개발, 인테리어는 물론 커뮤니티 서비스, 게임과 미디어,
디자인 서비스, 컨설팅, 광고, 마케팅, 전시와 문화 기획, 건축
배경을 갖고 활약할 수 있는 영역이 정말 넓어요. 핵심은 자기
일을 좋아하는 것, 욕망이죠. 그런데 욕망은 다양해요. 어떤
사람은 권력에 대한 욕망이 있고, 어떤 사람은 지식에 대한
욕망이 있어요. 건축가라면 설계를 하고 싶은 욕망이 있어야
해요.

최 난 설계하는 게 좋고 재밌어요. 몸도 마음도 힘들지만 새로운
생각을 그리고 만들고 결국 건물로 지어지는 그 과정이 항상
가슴을 뛰게 해요. 오래전부터 이것을 하는 게 즐거웠어요.
배 교수님도 하는 일을 무척 재밌어하잖아요.

배 그렇죠. 글 재능을 타고나진 못했지만 공부하고 생각을
정리해서 글을 만들 때 행복하죠. 어린 시절 건축을 좋아했고
나름 그림도 잘 그렸지만 무언가를 내 손끝에서 만들어
내야겠다는 욕망이 없었어요. 그래서 일찍이 건축가의 길을

몸 항ᄋ 끼끼끼ᄁ 미 ᅙᅵ

접었죠. 뒤늦게 발견하는 재능도 있어요. 최근에 내가 전시 기획을 잘하고 좋아한다는 것을 새로 알게 됐잖아요. 생각과 글, 이미지, 공간, 설치 등을 엮어 관중과 소통하는 것, 다양한 사람과 협업하는 것이 전시 기획의 재미에요.

최 학생들이 모두 설계만 하려 한다면 설계는 경쟁이 엄청 심한 레드 오션이 될 테고 다른 분야는 고사해버릴 텐데 그건 더 큰 문제예요. 학교에서 설계가 건축의 전부가 아니라는 걸 가르쳐야 해요. 배 교수님처럼 훌륭한 예도 있으니까. 설계를 잘못해서 다른 걸 한다는 패배감 없이 자신이 가고 싶은 분야를 정할 수 있어야 해요. 설계든 다른 분야든 좋아하면 일단 해 보는 것이 건축 전반을 건강하게 만들 거예요.

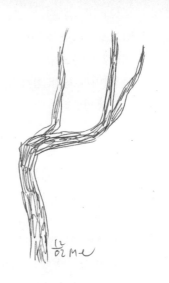

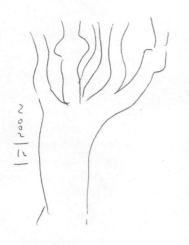

아마추어와 프로

최. 건축 설계도 운동처럼 계속하면 몸에 익어요. 올림픽
금메달리스트 하형주 선수가 말했어요. "잘하는 선수의 능력은
비슷하다. 누구나 잘되는 날이 있고 안 되는 날이 있는데 안
되는 날을 줄이기 위해 가장 중요한 것이 '좋은 습관'이다."
건축은 매일 비슷하게 꾸준히 할 수 있는 능력이 중요해요.

배 훈련의 결과죠. 외과 의사가 수술하고, 바이올리니스트가
아름다운 소리를 내고, 투수가 타자를 아웃시키는 건 긴 시간
동안의 훈련이 있어 가능한 거죠. 건축가도 마찬가지. 훈련이
필요해요. 그 훈련과 그 능력을 영어로 'discipline'이라고 하죠.
우리나라 말로 번역하기 어색한데 건축의 '기율'을 터득해야
하는 거죠.

최 훈련이면서 습관이죠. 훈련을 꾸준히 하면 습관이 돼요.
습관적으로 매일 한 장이라도 그리고 엉뚱한 걸 생각하고
눈앞에 있는 것을 결정하고. 사실 건축은 창작이기도 하지만
끝없이 결정하는 일이에요. 그리고 그 결정을 무서워하지 않고
계속해야 해요.

배 　학생은 물론이고 실무 건축가도 가장 힘들어하는 게
　　결정이에요. 저지르고 움직이는 것을 어려워합니다. 학생 때
　　설계를 하면서 "저지르지 못하는구나." 생각했어요. 이것도 되고
　　저것도 될 때 어떻게 움직여야 할지 모르겠더라고요. 그때 '왜',
　　'어떻게' 결정하는지 가르쳐 주는 사람도 없었고. 훈련을 잘 시켜
　　주는 선생님, 그러니까 설계 근육을 키워 주는 코치가 있었으면
　　나도 건축가의 길을 가고 있을지도 모르겠어요. 박사과정을
　　하는 동안 내 머리 근육은 훈련을 잘 받았지만.

최 　젊을 때부터 그런 훈련을 꾸준히 해야 해요. 운동선수가 매일
　　훈련하듯이. 구원 투수가 전날의 패전에도 불구하고 다음 날
　　등판해서 자기 공을 던질 수 있는 건 훈련 없이 안 돼요. 그
　　배짱과 투구 능력, 그건 훈련이 습관이 되어 생기는 거예요.

배 　설계는 확실히 스포츠와 비슷해요. 디자인은 몸으로, 생각이
　　배어 있는 몸으로 하는 거라고 생각해요. 프로가 훈련할 때 아무
　　생각 없이 하지 않거든요. 치밀하고 전략적인 훈련을 하죠.
　　아무리 의도가 좋더라도 몸이 움직여주지 않으면 의미 없어요.
　　그런 면에서 최 교수님은 거리낌이 없어요.

최 　일단 결정을 하니까 겉으로는 거리낌 없어 보이죠. 그렇게 보일
　　뿐 마음속은 엄청 복잡해요. 처음 건축을 시작했을 땐 결정을
　　못해 머뭇거리곤 했지만, 시간이 지나면서 일단 눈 앞의 것을
　　결정해야 한다는 걸 배웠어요. 사실 조금 전 결정이 자신 없는

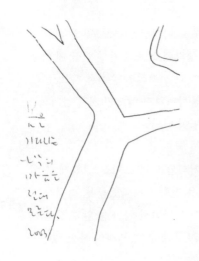

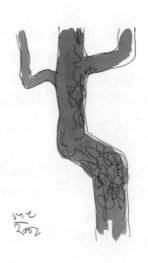

경우가 없진 않아요. 그렇다고 그 결정을 미루면 아무것도 할 수
없잖아요. 그동안의 훈련과 습관만이 결정할 수 있게 해줘요.
홈런을 맞고 나서도 다음 공을 던질 수 있는 투수처럼.

배 설계 근육을 갖고 있느냐 없느냐가 바로 아마추어와 프로의
차이 아닐까요.

최 프로페셔널은 전문성을 가지고 법적인, 그리고 윤리적인 책임을
진다는 점에서 아마추어와 달라요. 전문성은 오랜 교육과
훈련으로 만들어지는데 그 결과가 자기의 분야에 대한 깊은
지식이죠. 그리고 또 다른 점은 "프로는 오늘만 아니라 내일을
생각한다."라는 철저한 자기 관리라고 생각해요. 나는
오래전부터 밤을 새우지 않고 일을 하려 하고 있어요. 밤을
새우면 당연히 다음 날 너무 힘들고 충격이 오래가요. 이 일을
앞으로 계속해야 하는데 오늘만 하고 말 것처럼 하면 안
되거든요.

배 아마추어는 취미로 하고 프로는 그것으로 먹고 사는 것. 프로의
세계는 치열해요. 치열할수록 자기 관리를 해야죠. 공부하는
것에도 프로와 아마추어가 있어요. 좋은 책을 취미로 쓰는 것도
아니고 밤새우면서 쓰지 않죠. 어렸을 때는 밤새우는 체력을
건축가의 요건으로 생각했는데. 큰 오해였어요.

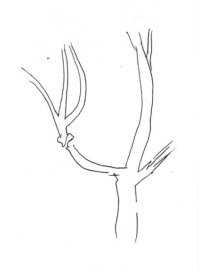
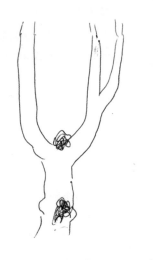

최 많은 학교와 사무소에서 밤을 새워 설계하죠. 그런데 밤샘도
   습관이거든요. 나쁜 습관. 나도 학부생일 때 엄청 밤샘했어요.
   그땐 얼마나 해야 끝나는지 모르니까 밤을 새우고, 끝나면
   방학에 푹 쉴 수 있으니 밤을 새우고. 습관처럼 밤을 새웠어요.
   그런데 유학 시절부터 조금씩 생각을 바꿔서 마감 전 이외에는
   철야를 안 하려 했어요.

배 어떻게 그게 가능해요? 비법을 알려주세요. 건축은 매일 밤을
   새워야 한다는 통념, 사라져야 하는 적폐예요.

최 말로는 쉬운데 실천은 더 어려울 수도 있어요. 아주 규칙적인
   생활을 해야 하거든요. 아침 9시쯤에 설계실에 가면 전날 밤샌
   학생들이 어딘가 가버리고 아무도 없어요. 오후 서너 시까지
   혼자 작업하고 있으면 학생이 하나둘 나타나서 커피 마시고
   수다 떨다가 해지면 슬슬 시작해서 밤을 새워요. 그런데 난
   밤 12시쯤 들어가서 자고 아침에 다시 학교에 가고. 성실한
   회사원 비슷했는데 하루키나 김연수 작가도 아주 규칙적으로
   글을 쓴다는 걸 읽고 계속할 힘을 얻었죠.

배 그거 쉽지 않네요. 학생이 아니라 사무실 직원이라면 밤을 새울
   수밖에 없지 않아요?

최 그렇죠. 한울건축이나 이토 토요 사무실에 다닐 때는 일의
   양이나 일정을 내가 결정하지 못하니까 밤을 많이 새웠어요.

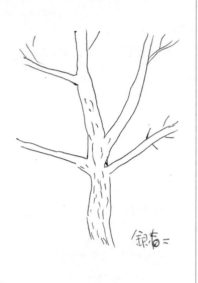

銀杏 =

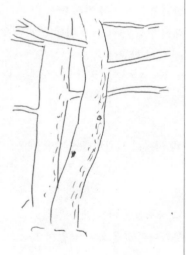

06
2005

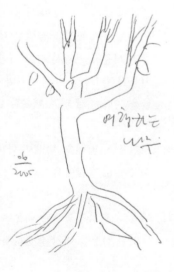

어렸을때
나무

36

내 사무실을 열고 밤새지 말자 결심해도 현상설계 마감 때는 철야해요. 40대에 들어오면서 이 일을 건강하게 계속하려면 시간 배분과 관리가 중요하다는 걸 느끼면서 조금씩 바꿨어요. 이건 프로의 자세이기도 하고 내 체력의 문제이기도 해요. 나는 아침에 일어나서 치약 짜고 양치질만 해도 지치는 사람이에요.

얼마나 희대의 피를 손으로 러키더리면
얼룩은 어떻겠어가?
늘기에 가득차 있는 피덕의 무레가 너 러움하다.
내르그먼 너무 내르둔데 놓여백<넣갛바 해야라다.

아닛이되어
내 머리를 빼앗씨는
逃亡이 구는
이
혁명 M-L

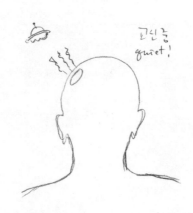

모민룸
quiet!

설계가 잘 안 돼요

최 학생들이 나한테 종종 하는 말이 있어요. "교수님, 설계가 잘 안 돼요."

배 그럼 어떻게 대답해요?

최 "미안한데 어떻게 하나? 나도 설계가 잘 안 되거든." 설계가 잘 안 되는 게 사실 너무 당연한 거예요. 배우기 시작할 때부터 술술 풀리기엔 건축은 너무 추상적이고 복잡해요. 고등학교에서 배운 것도 아닌 걸 대학 들어와서 겨우 몇 년 해 보고 설계가 쉽게 되기를 기대하는 게 더 이상하죠. 게다가 하던 게 아니라 새로운 걸 하면 더 어렵죠.

배 설계가 술술 잘된다는 건 어제 했던 걸 오늘 잘 베끼고 있다는 뜻 아닐까요? "매너리즘에 빠졌다."라고 하죠. 그러면 설계가 계속 잘될 거예요.

최 학생 때는 몸에 익지 않아서 잘 안 된 거라면 지금은 너무 몸에 익어서 안 되는 걸 거예요. 10년 전에 했던 걸 그대로 계속하고

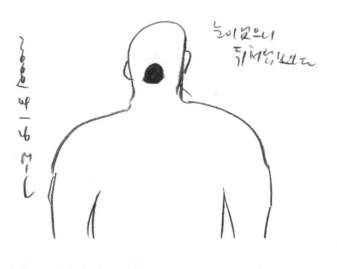

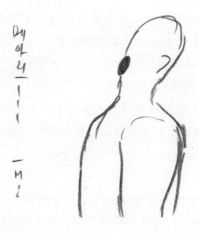

40

있으면 쉽겠죠. 건축주에게 내가 해왔던 몇 개의 대안을 보여 주고 고르라고 하면 간단해요. 그런데 그렇게 하고 싶지 않으니까 엉키고 어려운 거예요. 일을 시작할 때 잘 아는 것, 한 번이라도 해 본 것은 피하고 반복을 덜 하려다 보니 더 안 되는 거고. 물론 항상 새로운 것만 만들 수는 없어요. 사람은 기억의 동물이고 머리는 한계가 있으니까 전에 해왔던 걸 어느 정도 반복하거든요.

배 그럼 설계가 잘되는 게 중요한 것이 아니라 설계를 잘하는 것이 중요한 건가요? 최 교수님은 디자인을 잘한다는 이야기를 언제 처음 들었어요?

최 대학 4학년까진 설계 잘한다는 소리를 들어본 기억이 별로 없어요. 그런데 졸업할 때쯤 되니까 잘한다고 그러더라고요. 아마 디자인을 잘했다기보다 성실히 하고 성적이 좋으니까 그렇게 보인 걸 거예요. 장학금이 필요해서 성실히 수업 들어가고 과제를 냈는데 그게 설계를 잘하는 것처럼 보인 거죠.

배 그럼 "설계를 잘한다."라는 건 무슨 뜻일까요? "알바루 시자는 설계를 잘해."라고 말하면 우습게 들리는데 학생들한텐 수시로 "설계를 잘한다."라고 말해요. 아래 사람한테만 할 수 있는 말인가? 눈에 띄는 조형을 잘하면? 꼼꼼하게 그림을 잘 그리면? 학교 다닐 때 벽돌을 굉장히 잘 그리는 친구가 있었어요. 컴퓨터가 없을 때니까 손으로 정말 꼼꼼히 잘 그렸어요.

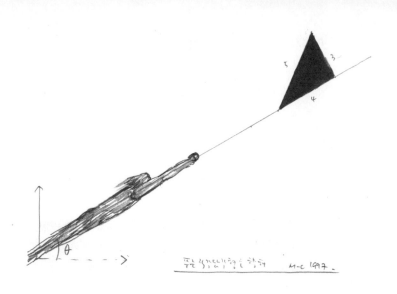

푸른 하늘이 좋은 하루   M-C 1997.

힘이 솟아야 한다.
그래야 들판도 넘을 수 있다.
그것이 어려운 셈이다.
나무는 하나도 없는데 ····

그 친구가 A+를 받으니까 어린 마음에 설계를 잘한다고
생각했어요.

최 그게 바로 초등학교 2학년 학생이 구구단 외는 걸 보고 수학을
잘한다고 말하는 것 같은 거죠. 학교에서는 도면을 잘 그리거나
모형을 잘 만들면 칭찬을 하잖아요. 그럼 자기가 정말 잘한다고
생각하고 그때부턴 친구나 선생님 말씀이 들리지 않거든요.
이런 칭찬은 위험할 수도 있어요.

배 아니면 선생님 말씀을 아주 잘 듣거나. 설계 학점을 잘 받는
것과 현실 세계에서 건축을 잘한다는 것은 다른 것 같아요.

최 당연히 다르죠. 그런데도 학교 다닐 때 학점이 좋으면 설계하고
나쁘면 포기하는 건 참 아쉬워요. 설계 학점이 아주 좋은 학생이
자기를 인정하지 않는 사회에 적응하지 못하는 경우도 많이
봤어요.

배 건축계는 새로운 것을 만들어 내야 한다는 강박관념을 갖고
있어요. 창의성에 대한 일종의 신화죠. 새로운 것, 좋은 디자인은
총체적인 건축의 현실에서 나온다고 생각해요. 프로젝트의
조건과 장소가 다르니 그것에 충실하면 다른 것이 나올 수밖에
없어요. 그래서 실제로 건축주도 없고 현실의 제약이 없는 학교
과제에서 새로운 것이 나오기가 더 어려워요. 훌륭한 건축가는
현실에서 디자인을 끌어내는 것이지 자기의 머리로 새로운 것을
지어내는 것이 아니라 생각해요.

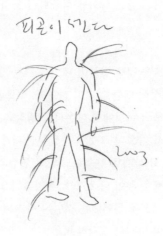

최 새로움에 대한 신화죠. 새로움을 만드는 개인의 창의력에 대한
신화. 사실 학생이든 기성 건축가든 개인의 창의력에 의지하면
밑천이 금방 동나요.

배 자기 반복을 하지 않는 것과 개인의 창의력은 다른 거네요.
설계가 잘되는 것이 무언지, 설계를 잘하는 것이 무언지를
묻기보다는 왜 설계를 하는지 물읍시다. 왜 새로운 것을 해야
하는 거죠? 어렵게 자기 반복을 안 하려는 이유는 뭐죠?

최 설계를 하는 이유는 건물 만드는 과정을 좋아해서이기도 하지만
건축을 통해 세상을 이해하고 싶은 것이기도 해요. 내겐 건축이
안경이면서 현미경이고 망원경 같은 거니까. 자신을 복제하지
않고 새로움을 추구하는 이유는 나도 모르게 굳고 딱딱해질까
무서워서. 빙하의 일부가 되는 건 싫거든요. 그거 알아요?
빙하는 물이 얼어서 된 게 아니고 가벼운 눈이 오랫동안 내리고
쌓이고 다져져서 그렇게 크고 딱딱해진 거라고 해요. 나는
우리가 사는 세상이 빙하와 닮았다고 생각해요. 처음엔
가벼웠던 것이 시간이 지나면서 딱딱해지고 확고해진 것.
건축도 사회도 그런 것 아닐까요. 나는 지금의 견고해진 세상
말고도 다른 세상이 있을 수 있다고 생각해요. 계속 새로운
생각을 하려고 하는 건 그 빙하를 조금이라도 녹이고 싶어서.
내가 열심히 다녀서 익숙하고 편한 길을 버리고 불편해도
새롭고 다른 길을 찾고 싶은 거죠.

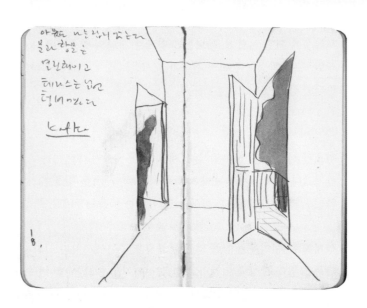

배　세상이 바뀌지 않으면 안 되는 상황에 왔는데 무엇을 어떻게
　　해야 하는 건지 문제예요. 기후 변화, 양극화, 이런 근본적인
　　문제를 풀어가려면 우리가 바뀌어야 하는데 세상은 너무
　　견고해져서 꼼짝도 안 해요.

최　최소한 시도는 해 봐야죠. 세상을 내가 생각하는 대로
　　바꾸겠다는 욕심은 아니에요. 그래도 우리가 사는 세상이
　　최선이 아닐지도 모른다고 의심하고 질문을 해야죠. 카프카를
　　읽을 때마다 왜 그렇게 어렵고 읽히지 않게 글을 썼을까
　　생각해요. 누가 읽을 거로 생각하고 쓴 걸까? 카프카는 사회가
　　너무 얼었다고 생각한 건 아닐까. 그래서 "책은 얼음 바다를
　　깨는 도끼"라고 말한 거고. 나는 건축가니까 그런 생각으로
　　건축을 하고 싶은 거고.

배　그래서 카프카가 그렇게 힘들었나 봐요. 얼음을 밖에서 깨는
　　것이 아니라 그 안에서 녹여야죠. 빙하를 밖에서 보면 전혀
　　몰라요. 역사도 비평도 건축도 빙하를 그 안에서 보는 거죠.
　　이탈도 그 속에 있어야 가능해요. 밖에서는 피하거나 부닥쳐서
　　부스러지거나.

같이하는 건축

최 "이건 내 작품이야!" 건축가들은 보통 그렇게 말하잖아요. 사실 건축은 그렇게 혼자 할 수 있는 게 아닌데.

배 건축계의 큰 허상이자 허영. 건축가 혼자서 건물을 만든 것처럼 말을 하는데 건축계 밖에서는 아예 건축가를 언급하지 않기도 하고. 몇 년 전만 하더라도 건물 개관식에 건축가를 초대하지도 않았잖아요.

최 좋은 건축이 만들어지려면 열린 건축주, 좋은 컨설턴트, 상식 있는 공무원, 사명감 있는 건설회사, 그리고 훌륭한 직원, 모두 필요해요. 누구 하나만 빠지더라도 그만큼 결과가 나빠지죠. 혼자서는 못하는 일이에요.

배 건축은 사회가 만든다고 하죠. 건물을 만드는 사람은 물론 건물과 함께 생활해야 하는 사용자와 동네 사람들이 역할을 하죠. 건축가는 물론 이들에게도 크레딧을 주는 것이 중요해요.

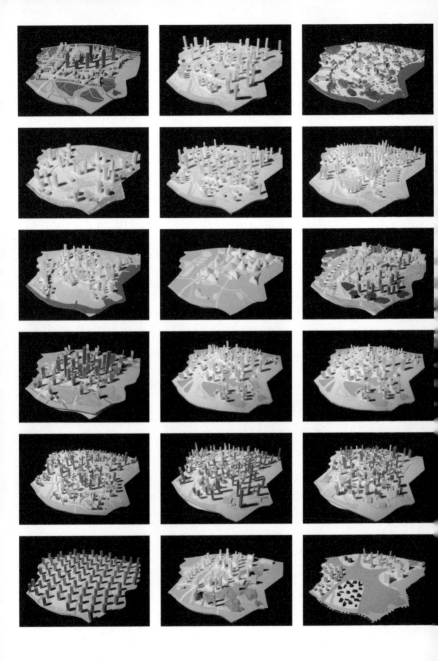

최 당연히. 영화가 끝나면 만든 사람의 이름이 몇 분간 나오는데
건축은 건축가 이름 하나, 기껏해야 같이 일하는 스태프몇 명의
이름만 쓰는 건 결국 건축은 개인의 창의력이 만든다고
생각하기 때문 아닐까요.

배 영화 제작자가 건물의 건축주이고 영화감독이 건축가, 주연
배우가 건물인가요? 엔터테인먼트 산업이 스타 시스템으로
돌아가기 때문에 유명한 배우나 감독, 그리고 제작자나
매니지먼트만 각광을 받고 돈을 벌죠. 양극화의 극단이에요.
그런데 지속성이 없습니다. 자본은 축적이 돼도 창의력의
생태계는 죽어요.

최 그걸 조금씩 바꾸면 좋겠어요. 건축은 보통 영화보다 더 많은
예산과 사람이 필요해요. 같이 작업하는 사람을 중요하게
생각하면서 전체 산업을 이해하는 데에서 새로운 생각이
만들어질 수 있을 겁니다. 지금도 그 방법을 찾아가는 중이고.

배 좋은 건물을 만드는 것이 복잡하고 어렵듯이 같이하는 건축의
방법을 찾아야 해요. 영화에서는 제작자와 감독, 건축에서는
건축주와 건축가의 관계가 중요하죠.

최 우선 상대를 존중해야 해요. 누군가의 의뢰로 집을 지으면서
건축가가 자기가 하고 싶은 것만 하는 것은 말이 안 되죠. 예를
들어 건축주는 건물을 지어 임대, 분양해서 수익을 내고 싶은데

건축가가 그건 무시하고 보기 좋은 랜드마크 만드는 것만 생각하는 건 잘못된 거죠. 건축주를 설득하는 게 아니라 건축주가 원하는 걸 잘 듣고 그 속에 자기의 생각을 넣어 건축으로 실현하는 것이 건축가의 역할이라고 믿어요. 물론 건축주의 생각을 넘어서는 경제성과 효용성을 새롭게 만들어 내는 걸 제안할 수도 있겠고.

배 우리나라는 건축주가 건축을 모른다는 통념이 최근까지도 팽배했어요. 건축가가 건축주를 가르치거나, 심지어 무시하면서 일을 해야 건축이 된다는 생각. 건축주는 건축가를 하수인이나 업자 취급했고. 지금은 우리나라 건축주의 수준, 특히 민간 부문의 수준이 높아요. 건축이 중요하다는 것을 알고 그것을 이용하고 즐기는 역량이 생겼어요. 같이하는 건축을 하려면 가장 중요한 역량은 소통이에요. 학교와 기업에서 키워야 할 가장 중요한 능력이죠.

최 건축주와 불화하면서 자기 작품을 만든다는 생각이 이상하죠. 소통에 문제가 생기면 좋은 건축이 안 나와요. 소통의 시작은 듣는 거잖아요. 건축주가 요구하는 게 분명히 있는데 그걸 잘 안 들을 때 문제가 생기는 거예요. 건축가는 들은 이야기를 바탕으로 건물을 만들 수 있어야 해요.

배 건축주와 소통만큼 같이 일하는 사람들과 어떻게 소통하느냐도 중요할 것 같아요. 사무실의 조직, 만들고 싶은 건축, 설계하는

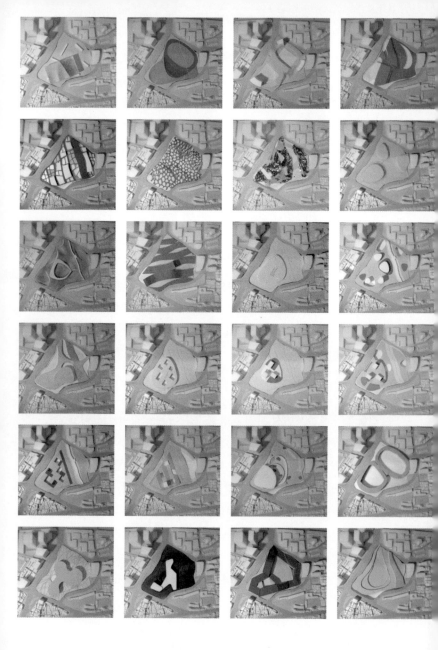

54

방법이 다 다르죠. 건축 설계 방식을 크게 두 가지로 나눌 수
있다고 생각해요. 위계적인 방법하고 수평적인 방법. 위계적인
방법은 건축사무실의 소장이 프로젝트의 기본 방향과 설계안을
잡아 사무실 직원한테 주면 직원이 그것을 실현해 주는 것이고,
수평적인 방법은 프로젝트 시작부터 사무실 직원이 함께
고민하고 풀어가는 것입니다. 많은 건축가가 사무실을
위계적으로 이끌어 가는데 최 교수님은 수평적으로 일을 하는
것 같아요.

최 맞아요, 가능한 수평적으로 일하려 합니다. 설계 과정을 보면
설계는 여러 사람이 같이하는데 혼자서 창의적으로 해야 한다는
믿음이 아직 건축계에 남아 있어요. 나는 설계를 오래 했기
때문에 빨리할 수 있어요. 그런데 처음 떠오른 생각대로 건물을
짓진 않아요. 다른 사람이 없는 혼자의 생각은 불안하거든요.
마지막엔 내가 결정할 수밖에 없지만 그래도 같이 일하는
동안에는 누구나 하고 싶은 말을 할 수 있는 환경을 만들려
해요. 일단 내가 모든 걸 알고 잘한다는 확신에서 벗어나서 항상
다른 사람의 새로운 생각과 도움이 필요하다는 걸 명심하고
일하는 거죠.

배 다니엘 바이에가 최 교수님의 작업에 대해 "디자인 과정에 '다른
손'이 개입한 것 같은 느낌이 든다."라고 한 적이 있어요.

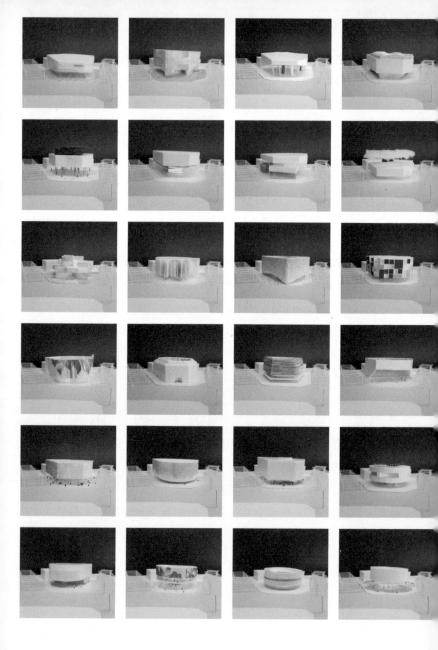

56

최 1999년 내 사무실을 시작할 땐 모든 걸 혼자서 결정하는 경우가 많았는데 시간이 지나고 교수가 되면서 다른 방법을 찾을 수밖에 없었어요. 처음 시작했을 땐 나 혼자 수영하는 것처럼 처음부터 끝까지 끌고 갔는데, 지금은 축구하는 것처럼 해요. 내가 감독이고 우리 팀이 선수. 퍼거슨은 감독일 뿐이지 실제 경기를 뛰는 건 선수들이잖아요.

배 축구팀이니까 열 명 정도를 이끄는 거네요.

최 설계할 때 축구팀 규모가 좋아요. 일단 한눈에 들어오고 효과적으로 일할 수 있는 규모. 건축이 축구와 비슷한 게 많거든요. 이기려면 모두 자기 역할을 잘해야 하고 한 명만 문제가 생겨도 안되는 것도 그렇고, 각자 자기의 역할을 잘하면서 필요할 때 다른 포지션을 처리해줘야 하고. 열두 명 정도가 넘어가면 '누구 어디 있어요?' 하며 찾다가 시간 다 보내요. 커다란 사무소도 한 팀이 열 명 내외, 군대에서 한 분대가 열 명 내외인 건 다 이유가 있죠.

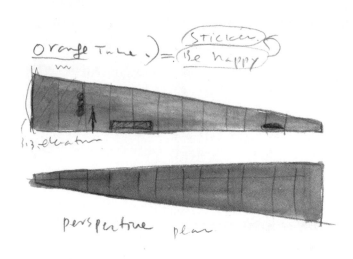

Orange Tube =) Sticker.
Be happy

biz elevation

perspective plan

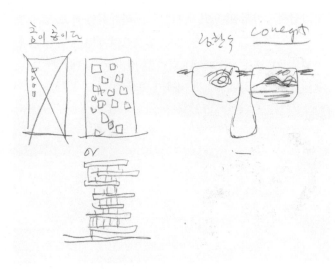

흐히흐히라

concept

or

비겁한 콘셉트의 개념

최 언젠가 직원이 이상한 모형을 만들길래 "왜 그렇게 만드는
   거죠?"라고 물었더니, "그저께 이렇게 말씀하셨는데 기억 못
   하세요?"라고 하더라고요. 그래서 "기억을 못 한다기보단
   생각이 바뀐 거죠."라고 비겁하지만 당당하게 말했어요. 비록
   내가 결정했더라도 그건 그날 한 거라고. 사실 설계하다 보면
   계속 바꾸고 바뀌는 게 일상이에요.

배 그런 변덕스러움이 수평적인 설계 방식과 직결돼있는 것
   아닌가요? 프로젝트를 시작할 때 설계 방향을 정하는 것이
   아니라 여러 가지 가능성을 열어 놓고 탐색을 함께하는.

최 탐색한다는 말은 좋게 표현하는 거고 헤맨다는 게 더 정확할
   거예요. 대부분의 경우 시작할 때 어디로 갈지 잘 몰라요. 그래서
   일 하나 할 때마다 생각할 수 있는 모형을 100여 개씩 만드는
   거고. 수평적 설계 방식을 통해 모든 가능성을 알아보는 건데
   그러면 자기 복제나 오류가 줄어들어요. 같이 모여서 기존
   결과와 방법을 의심하고 마지막에는 내가 한 것을 내가
   의심하는 거죠. 2002년 파주에 있는 서해문집의 설계가 거의

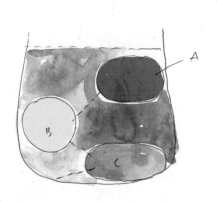

○ 옹기't에
각각의 공간의
독립?는는 분례하고
2 다이의
자 흥려?에 적기는
사이-(25m) 로
정렬.

2001 / 03 / 26
충미는

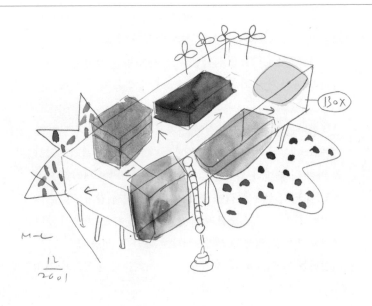

M-L

$\dfrac{12}{2001}$

Box

끝나고 착공을 하려는데 건축주가 여러 사정으로 6개월 정도 공사를 연기했어요. 그때 만든 모형을 내 책상 위에 올려놓고 보는 동안 점점 마음에 들지 않아서 처음부터 설계를 다시 하겠다고 했어요. 건축주는 펄쩍 뛰면서 자기는 좋은데 왜 시간과 돈을 들여 설계를 다시 하냐며 반대했지만 어렵게 설득해서 결국엔 처음과는 전혀 다른 건물이 됐지요. 어찌 보면 말도 안 되는 거지만 지금 생각해도 잘 바꾼 거라 믿어요. 이렇게 설계가 끝난 것도 바꾸는데 중간에는 당연히 바꾸죠. 마음을 바꾸는 건 매일 있는 일이고 건물이 완성될 때까지도 확신이 없어요.

배 많은 건축가가 자기 프로젝트를 설명할 때 처음부터 최종안의 설계 개념으로 출발했던 것처럼 설명하잖아요.

최 그게 신기해요. 정말 처음 아이디어가 매끄럽게 끝까지 가서 건물이 되는 건지. 아니면 설계 다 하고 나서 설명하기 위해 정리한 건가.

배 학교에서도 학생들에게 설계 과제를 시작하면서 "콘셉트가 뭐냐?" 재촉합니다. 이제 건축 공부를 처음 시작하는 어린 학생들이 처음부터 프로젝트의 개념을 잡고 일관되게 실현한다는 것은 거의 불가능한 거죠. 기성 건축가도 못 하는 것을 학생들한테 요구해요.

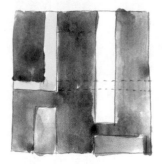

layering $\dfrac{03}{99}$ M-C

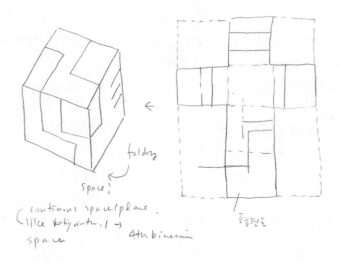

folding

space?

continuous space/plane.
(slice Möbystrip, 1 →
space   4th dimension

최　30년 넘게 학교에서 건축을 가르치고 실무를 하면서 가장
　　모호한 말이 '콘셉트', 그러니까 설계 개념이라는 말이에요.
　　미국에 있을 때 한국에서 막 유학 온 친구가 "도대체 콘셉트가
　　뭐야? 뭐길래 선생님이 나한테 그게 없다고 다시 해오래!"라고
　　한 적이 있어요. 당시 한국 교육은 잘 만드는 것에 더 집중했기
　　때문에 콘셉트라는 말을 잘 쓰지 않았어요.

배　이제는 콘셉트라는 말을 모든 분야에서 다 써요. 하지만
　　콘셉트의 개념이 무엇인지, 생각이 얼마나 중요하고 어디까지
　　유지되어야 하는지 논하고 고민하는 것을 본 적은 거의 없어요.

최　건축에서 생각이 중요하다는 것엔 동의해요. 생각 없이
　　설계하면 우리는 무의식적으로 어디선가 본 것을 조합해서
　　만드는데 그것은 취향으로밖에 평가할 수 없어요. 그래서 우선
　　생각하고 그다음 만드는 걸 가르치는데 그 생각을 '콘셉트'라고
　　부르는 거죠. 문제는 그 콘셉트하고 실제 지어진 건물 사이의
　　거리죠.

배　위계적인 방식으로 설계하는 사무실에서는 건축가가
　　프로젝트의 개념을 담은 스케치를 그리면 사무실 직원은 그것을
　　구체화하고 실현하는 역할을 해요. 르코르뷔지에는 그것을
　　'피라미드적'이라고 표현했어요. 국내에서 내가 자세히
　　들여다본 건축가의 사무실 중에는 김승회의 경영위치, 승효상의
　　이로재가 그렇고 외국 건축가는 알바루 시자 사무실이 그래요.

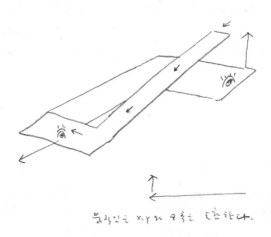

물체인는 xy라 구정을 담한다.

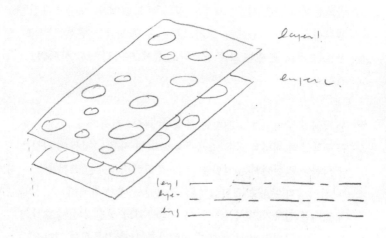

layer!

empera.

최 교수님의 설계 방식에서는 프로젝트의 '개념'이 나중에
나오는 것이고.

최 개념은 처음 아니면 나중에 나온다기보다는 설계 과정에서 계속
변해간다는 게 더 맞을 거예요. 축구 시합에서 전반 초반에
한 골을 넣었다고 경기에 이기는 것이 아니듯 설계도 첫 생각이
좋다고 바로 좋은 건물이 되진 않아요. 생각과 건물 사이의
긴장이 계속 유지되는데 마지막엔 좀 더 명확해지죠. 그
과정에서 다른 사람들의 역할이 중요한 거고. 나는 내 생각에
거의 확신이 없거든요. 생각은 하나가 아니라 여러 색의 실타래
같고 건축은 그 실로 짠 옷감이죠. 그 옷감은 나 한 사람보다는
여러 사람의 생각이 섞이면서 더 풍부해져요.

배 건축하는 방식에 따라, 건축가에 따라, 번개 같은 영감이 떠올라
냅킨에 그린 스케치가 그대로 건물이 되는 경우가 실제 있어요.
전설처럼. 처음 시작할 때 건물과 개념이 일체되어 있는 거죠.
그 경우는 이미 재료, 형태, 디테일을 포함해 아주 익숙한 건축
방식을 가지고 있는 경우에 가능한 거죠.

최 난 그렇게 안 해요. 그보다는 여러 사람과 이런저런 생각을
공유하고 이야기하면서 조금씩 알아가지요.

배 구체적으로 어떻게 일하나요.

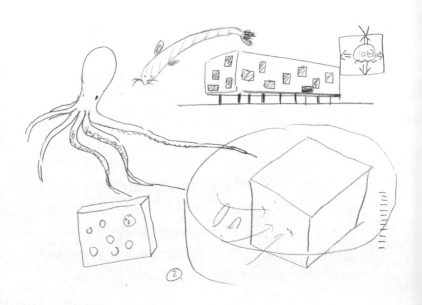

최　그냥 '무'에서 시작해요. 그래야 가벼워서 어디든 갈 수
있으니까. 우선 자주 짧은 회의를 하면서 관련된 질문 리스트를
만들고 건물로 발전시키죠. 지금 건축에서 당연하다고 생각하는
것에 대해서 질문하는 거죠. 다만 서로 수월하게 소통할 수 있게
말만 하는 게 아니라 모형을 많이 만들어요. DDP 현상설계 때
스터디 모형을 200개 아니 300개는 만들었을 거예요. 바다를
본 적 없는 사람하고 산을 본 적 없는 사람이 함께 일하는
방법이에요. 이것저것 말하다 보면 해삼하고 송이버섯이 같이
들어간 요리를 만들 수 있는 거죠. 단백질하면 고기밖에 모르는
사람이 같이 일하는 사람들 덕분에 해삼을 먹어볼 기회가
생기는 거예요.

배　최 교수님이 조직 안에서 생각을 건축으로 풀어나가는 방법을
만든 거예요, 동기를 부여하는 생산적인 과정을. 새로운 생각을
무서워하지 않고 다른 생각을 억압하지 않으면 다양한 가능성이
열려요.

최　사람의 생각과 능력은 한계가 있잖아요. 내 생각이 몇 개의
과일이 담긴 바구니라면 내가 원하는 건 본 적도 없는 과일로
가득 찬 더 큰 바구니죠. 나 혼자서 라면 절대 할 수 없는 새로운
사고.

내 온몸을
떠나는
때는
항상의
시라도
2003/11

건축가의 악몽

배 작가, 예술가, 건축가의 작업을 설명할 때 누구한테 배웠는지,
누구 밑에서 일했는지 생각하죠. 최 교수님은 건축가로
독립하기 전에 일본에서는 이토 토요 사무실, 우리나라에서는
이성관 소장님의 한울건축에서 일했어요. 그분들에게 무엇을
배웠는지 궁금합니다.

최 컬럼비아대학에서 석사 마치고 일본에서 1년 조금 넘게
일했어요. 그리고 한국에 들어와서 한울건축 등에서 일하고.
졸업할 때쯤 포르투갈의 알바루 시자 사무실에 가기로 했는데
사정이 생겨서 안 갔어요. 고민하다가 졸업 스튜디오를
가르치던 이토선생님께 일하고 싶다고 물어보고 동경으로
갔어요. 그때는 지금처럼 세계적으로 유명한 사무실은
아니었죠. 그때 거기서 뭐 했냐고 많이 물어보는데 사실 밤샌
기억밖에 없어요.

배 포르투의 알바루 시자와 동경의 이토 토요. 극적으로 다른
두 길이었네요. 밤샘하면서 뭐 했어요?

내눈을 흐리 당한는
그님의 꽃

최 모형 만들라 하면 만들고, 도면 그리라 하면 그리고, 정리하라
   하면 정리했죠. 디자인 같은 중요한 역할을 한 건 없어요.
   처음에는 일본어를 하지 못해 심부름만 했고 어느 정도 소통이
   가능하게 되면서 열심히 보고 참여하려 했어요.

배 언제요? 회의할 때요?

최 설계 회의나 식사 시간에. 이토선생님 모시고 집에 갈 때.
   이토선생님 집에 오래된 별채가 있었는데 거기를 빌려서
   살았어요. 이토선생님이 밤늦게 사무실 돌아오면 내가 운전해서
   집에 같이 가곤 했는데, 그때 이것저것 궁금한 것을 물었죠.

배 어떤 것을 물었어요?

최 "일본 건축가 중 누구를 공부하면 좋은가요?" 묻고 "단게
   겐조하고 시노하라가 좋다." 하시면 주말에 책방 가서 찾아보고.
   하루는 "올해의 건축가 심사를 하는데 누구를 뽑으면 좋겠냐."고
   물어보셔서, 바로 내가 좋아하던 건축가와 이유를 말한 적이
   있는데, 그 건축가가 선정되지 않아 내 안목을 의심한 적도 있고.
   꼭 봐야 하는 건물, 르코르뷔지에, 일본의 근대주택에 관한
   이야기를 했어요.

배 다른 스태프와는 어떻게 지냈어요?

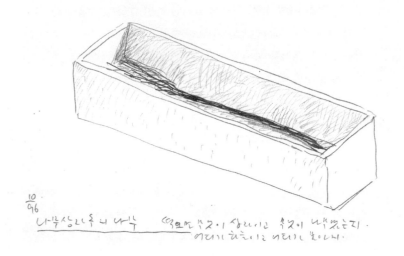

$\frac{10}{96}$

나무상자속의 나무   땅으로만 향할 상자에 씨앗이 나뿌렸는지 .
어디가 하늘이고 어디가 흙이냐.

최　지금 일본에서 활발하게 활동하는 건축가들이 직원으로
　　있었어요. 세지마는 막 독립했고, 사토, 요코미죠, 소가베 같은.
　　옆자리에 앉은 소가베하고 특히 친했는데 일본어도 그 친구에게
　　많이 배웠어요. 지금은 일본에서 'MIKAN Architects'라는
　　사무소를 운영하는 유명한 건축가예요. 하루는 둘이 밤늦게까지
　　일하고 집에 가다가 포장마차에서 술을 마셨어요. 그런데
　　갑자기 소가베가 나 보고 "넌 왜 설계를 외관부터 하니? 너무
　　형태나 공간에 관심이 많은 거 아니니?" 하더라고요. 그게 무슨
　　뜻이냐고 물었더니 "건축은 사회에 대한 이해와 변화를
　　반영해야 하는 거야."라고 해서 "설계가 실제로 사회를 반영할
　　수 있냐? 다이어그램으로 건축이 가능하냐?" 라고 반문하며
　　새벽까지 격론을 벌였어요. 그 대화는 오랫동안 내겐 풀어야
　　하는 숙제가 됐죠.

배　1990년대 건축계의 화두였죠. 다이어그램 건축. 당시 이토
　　토요가 다이어그램에 대한 아주 좋은 글을 썼어요. 《엘크로키》
　　에서 세지마의 건축을 두고 "다이어그램의 건축"이라고
　　불렀어요. 세지마는 프로그램을 건축화하는 보통의 계획 과정을
　　거치지 않고 다이어그램을 통해 사회를 바로 건축으로
　　구현한다고 이토가 주장했죠.

최　건축은 아름다운 형태와 공간을 만드는 것만이 아니라는 걸
　　그 숙제를 풀면서 깨달은 거죠. 창의성으로 멋진 형태를
　　만들거나 감동적인 공간을 만드는 것을 넘어서 건축이 사회의

변화를 보여 주거나 심지어 변화시킬 수 있다는 걸 이토 사무실에서 생각하기 시작한 것 같아요. 그들이 작업하는 걸 보고 또 한국에 돌아와서 설계하면서 조금씩 생각하게 된 거죠.

배 이토 사무실을 그만두고 귀국하게 된 계기는?

최 아이가 생겼어요, 딸이. 살던 집이 지은 지 70년 넘은 일본식 목조 주택이었는데, 다다미 안에 벼룩이 많아서 아이를 키울 수가 없었어요.

배 그럼 당연히 떠나야죠. 서울에 돌아와 한울건축에서 일했어요. 어떻게 한울건축에 입사한 거예요?

최 1992년 귀국했을 때 나처럼 유학하고 외국사무소 경험을 가진 사람이 많지 않기 때문에 대형사무실에서 연락이 왔었어요. 한두 곳 인터뷰했지만 잘 맞지 않았어요. 한울건축에 가게 된 것은 정말 우연이에요. 이성관 소장님과 함께 몇 명이 저녁 식사를 할 기회가 있었는데 하나둘 먼저 가고 둘만 남게 됐어요. 전쟁기념관이 거의 완공되어 갈 때지요. 그날 처음 본 이성관 소장님에게 "전쟁기념관은 너무 파시즘적이다."라고 비판을 했어요. 소장님은 갑작스러운 논쟁에 놀라면서도 자신의 건축관 이야기를 하면서 차분히 방어하셨어요. 자정 넘기면서까지 격론을 벌였죠. 지금 생각해 보면 그때 나는 과도하게 공격적이고 직설적이었죠. 나 같으면 받아주지 못했을 것 같은데 잘 참고 진지하게 대답해 주셨어요.

배 전쟁기념관이 건축계에서 큰 논란을 일으켰죠. 안 그래도
   주위에서 비판과 비난을 받고 있었는데 처음 보는 젊은이가
   공격했는데도 그를 취직시켜 주다니!

최 다음 날 아침 일찍 이 소장님이 전화하셨어요. "어제 이야기 잘
   들었는데, 포트폴리오 봤으면 좋겠다. 어떤 건축을 하는지 보고
   싶다." 이삿짐에 들어 있던 포트폴리오를 들고 갔는데 보자마자
   같이 일하자고 하셨어요. 당시 한국의 건축에 대해 아무것도
   몰랐는데, 그분이 한 엄청난 양의 스케치를 보고 그분의 열정에
   놀랐고 내가 알던 것과 전혀 다른 건축에서 많이 배울 수 있을
   거로 생각해서 바로 한울건축에서 일하기 시작했어요.

배 당시 한울건축은 생긴 지 얼마 안 됐지만 굉장히 좋은
   사무실이었어요. 이성관 소장님은 좋은 건축가이고 집을 만들
   줄 아는 분이죠.

최 정말 대단하고 신기하게 이성관 소장님 머릿속에 건물이 다
   들어 있어요. 전체 모양부터 디테일까지. 건물은 바닥, 벽,
   천장으로 이루어져 있고 내피는 외피와 만나는 것이잖아요.
   알루미늄 커튼월은 내부와 어떻게 만나며 화강석을 어떻게
   나누는가. 이 모든 것을 이해하고 설계하는 건 놀라운 능력이죠.
   어찌 보면 생각보다 건물이 먼저 시작되는 분이에요. 나하곤
   많이 다름에도 처음부터 "네 마음대로 해 봐라."하며 자유를
   주셨어요.

2002 M-C NOV –

배 최 교수님이 다른 종류의 인간인 줄 바로 알았나 봐요. 그러면 첫 스케치를 이성관 소장님이 하지 않으셨나요?

최 하시죠. 그런데 난 그걸 받아 본 기억이 거의 없어요. 내가 생각을 거칠게 만들면 그걸 잘 정리해서 건물로 만들도록 이끄는 편이었죠. 당시 한울건축에 다양한 일이 많아서 짧은 시간에 참 많은 경험을 했는데 그 과정에서 많이 배웠어요. 또 동년배가 많아서 사무소 생활도 즐거웠고.

배 대학을 졸업하고 사무실에 취업하는, 처음 설계를 시작하는 제자들에게 힘들지만 5년, 3년이라도 다 잊고 일하라고 해요. 좋은 설계 사무실에 가면 건축의 전체 과정에 참여하고 배울 수 있죠.

최 나도 그런 말 많이 해요. 집중해서 건축만 생각하고 일할 수 있는 시간이 최소한 몇 년 필요하다고. 나한텐 한울건축에서의 시간이 그렇고. 그 시절에는 사무실 안에서 담배를 피울 수 있어서 나갈 필요가 없으니까 온종일 꼼짝 않고 일만 했는데 그렇게 힘들다고 생각 안 했어요. 더 지독하게 일하는 일본 사무소에서 한국에 오니까 그리 어렵진 않더라고요. 특전사에 있다가 일반 군대 온 느낌이랄까.

배 한울에서 나오게 된 계기는?

2002-11 M~C

최 외환위기라는 외적 요인이 있었고, 내적으론 나는 어떤 건축을
   하고 싶은가 하는 자문이었을 겁니다. 한울에서 설계를 많이
   했는데 그건 내 설계가 아니에요. 아무리 주인의식을 가져도
   내 일이 아니라 일을 받으면 하는 거죠. 매일 설계를 하면서
   '내가 뭐하고 있는 거지.' 고민했어요. 그러다 여러 상황 때문에
   1999년 내 사무실, 가아건축을 시작했어요.

배 사무실을 여니까 그 문제가 풀리던가요?

최 내 작품을 할 수 있는 자유를 얻기는 했어요. 그런데 곧 다른
   문제가 있는 걸 알았죠. 한울건축에서 내가 다 했다고
   생각했는데 사실은 이성관 소장님의 평가와 승인을 받으면서
   일했다는 걸 깨닫게 된 거죠. 그 탯줄이 끊어지면 마음대로
   자유롭게 할 수 있는 줄 알았는데 어떤 건축을 해야 하는지
   모르겠는 거예요. 누가 보고 있는 건 싫지만 결정은 좀 해
   줬으면 좋겠다는 생각과 혼란의 시간이 2년 정도 있었던 것
   같네요. 승효상 선생님한테 이런 얘기를 들은 적 있어요. 김수근
   선생님의 공간에서 수년간 일하다가 드디어 독립했는데
   사무실을 열고 몇 년간 악몽을 계속 꾸었다는.

배 나도 그 꿈 이야기 들은 적 있어요. 승 선생님이 독립해서
   사무실을 열었는데 돌아가신 김수근 선생님이 사무실에 계속
   돌아다니고 있는 악몽.

눈이다, 나는 바라보는 눈 $\frac{n}{2m}$

84

늙음으로 끌려가는 나무?   서리   앞으로

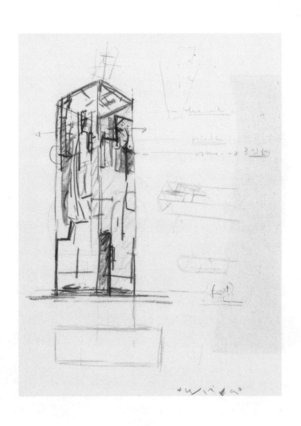

코쿤 프로젝트, 또는 설계 크리틱의 병리학

배 "건축을 해야겠다. 건축과를 가야겠다."라고 마음먹게 된 계기나
순간이 생각나요?

최 이야기할 만한 계기가 있으면 조금 멋있을 건데, 그냥 건축
공학과에 들어갔어요, 성적에 맞추어서. 주변에 건축 설계하는
분이 없어서 뭔지도 모르고 선택한 거죠. 정확히 말하면 그때 막
신설된 전산과를 갈까 고민했는데, 연세대에는 당시 전산과가
없어서 다른 과를 찾다가 건축과 요람을 보게 됐는데, 동·서양
건축사 과목이 재미있어 보였어요. 그래서 건축과로 결정했죠.

배 무언지 모르고 건축과에 들어간 거라면 들어가서 건축가가
되겠다, 건축가가 될 수 있다고 생각한 계기가 있었나요?

최 설계하는 게 재미있었어요. 처음엔 못해서 힘들었는데 그리면서
만드는 게 점점 재밌어졌고. 과제를 하면서 친구들과 밤을
새우면서 라면 먹고 진지하게 건축 이야기를 나누는 것도 뭔가
멋있어 보였고. 건축가가 되기로 한 계기라고 하긴 그렇지만
건축가의 꿈을 꾸게 된 건 2학년쯤 일 거예요. 김중업 선생님이

학교에 특강하러 오셨는데 끝맺음하면서 이런 말을 하셨어요.
"지금 시집을 가지고 있는 학생은 미래에 건축가가 될 겁니다."
정말 우연히 그날 가방 안에 아마 오규원 시집이 있었고
그때부터 어렴풋이 건축가가 될까 생각하기 시작한 것 같아요.
배 교수님은 건축가가 아니라 학자가 되겠다고 마음먹은 계기가
있어요?

배 세상에는 우연의 인연이란 것이 있어요. 대학교 4학년 때 졸업
후 진로를 고민하던 중 우연히 국토개발연구원에서 강홍빈
박사님의 강연을 들었어요. MIT 박사학위 논문 이야기를 해
주셨는데 당연히 무슨 소리인 줄 하나도 몰랐죠. 하지만 건축과
도시에 지성이 있을 수 있다는 것을 알았나 봐요. 졸업 후
강홍빈 박사님이 있었던 환경대학원으로 가서 공부하고 MIT로
유학 갔죠. 최 교수님은 유학을 가게 된 계기가 뭐죠?

최 대학 다니면서 친구들과 주택 주차장을 빌려 자취하며 작업실
꾸리고 공모전에도 참가했어요. 건축역사 책도 열심히 읽었는데
목이 말랐다고 할까, 뭔가 아쉬웠어요. 더 경험하고 싶었는데.
당시 그 길이 유학이었어요. 다행히 장학금을 받아서 뉴욕에
있는 컬럼비아대학에 갔어요. 당시 베르나르 추미가 막 학장이
되면서, 학교 교육 프로그램과 교수들이 바뀌고 있었죠.
컬럼비아 간 것이 내 인생에서 큰 전환기라고 생각해요.
뉴욕에서 다양성과 다름을 인정하는 방법을 배우고 막 시작되는
새로운 교육과 생각을 만날 수 있었어요.

배 1980년대가 전 세계적으로 큰 변화의 기점이었어요. 세계화가
　　진행되기 시작하고 그 끄트머리에 베를린 장벽이 무너지고
　　인터넷 세상이 열리기 시작했죠. 우리나라에서는 민주화가
　　시작되었고. 세계 건축계도 재미있던 시기였어요. 뉴욕, 보스턴,
　　로스앤젤레스, 베니스, 런던 등에 있는 건축학교에 다양성과
　　이질성의 에너지가 있었죠. 상반된 입장의 선생들 밑에서
　　공부하는 경험은 어땠나요?

최 교수마다 성향이 완전히 다른데 그 차이를 이해하고 내가
　　선택해야 하는 게 당황스러웠어요. 언어 문제는 확실히
　　있었지만 많은 걸 배울 수 있었어요. 학교 전체에 에너지가
　　가득했어요. 포스트모더니스트인 밥 스턴이 내가 있던 스티븐
　　홀 스튜디오를 지나면서 "그게 건축이냐?"라고 한마디 하죠.
　　그럼 현상학을 믿는 스티븐 홀은 밥 스턴한테 가서 "로마시대
　　때 끝난 걸 아직도 하냐?"고 반박했죠. 농담 속에서 그 내용은
　　진지했어요. 모든 학생이 왜 그렇게 열심히 했는지 모르겠어요.
　　거긴 'pass or fail'이라 학점도 없고, 거의 모두 통과시켜
　　주는데도. 한 30개 정도 되는 스튜디오가 다른 생각을 가지고
　　완전히 다른 결과를 만들어 냈는데 시간 날 때마다 가서 보고
　　뭘 하는지 물어본 게 가장 기억에 남아요.

배 건축역사로 박사과정을 하고 있어서 스튜디오를 직접 경험하지
　　못했지만 나도 그 에너지에 놀랐어요. 지금도 학교 설계
　　스튜디오에서 추구하는 치열함이죠. 그 열정이 좋기도 하지만

다른 한편 닫힌 세계의 병리적인 현상도 있다고 생각해요.
최 교수님도 경험했을 텐데. 학생 입장에서. 최 교수님 학생
프로젝트 중에서 컬럼비아대학에서 한 '코쿤 프로젝트'가 쉽지
않았을 것 같은데.

최   그 이상한 거 말이죠. 컬럼비아대학에서 1년은 착하게 지냈는데
방학이 끝나고 갑자기 '지금 나는 뭐 하고 있는 거지? 이런 거
하려고 유학 온 건가?'라는 회의가 들었어요. 학교에서 만드는
멋진 도면과 모형의 '쿨함'에 질린 거죠. '종이나 나무로 보기
좋은 모형을 만들고 도면을 그리는 이런 작업이 실제 건축하고
무슨 관계가 있지?' 친구들이 만드는 것에 삐딱하게 "나는 그런
거 안 해!"라고 하고 싶었어요. 그리고 석사 4학기에 내 몸이
들어갈 만한 크기의 공간을 만들겠다고 마음을 먹었어요.
모형이 아니라 실제 건축을 해 보겠다는 이상한 꿈을 꾼 거예요.

배   어떻게 쓰이는 공간이었나요?

최   나를 위한 개인의 기억 도서관인데 일종의 지적 자궁. 인간의
기억을 담는 것에 관한 연구라고 말할 수 있겠네요. 그러다 보니
책과 글쓰기가 무엇인지를 공부해서 많은 도면을 그리고 개념
모형을 만들었죠. '사람은 글을 쓸 때 몇 개의 근육을 쓰는가?'
'글을 쓸 때 에너지가 어떻게 사용되고 어디로 가는가?' 등을
생각했어요. 그래서 손의 근육을 그리고 타이프라이터를
분해하고 녹음테이프를 자르면서 글 쓰고 읽는 기계를 만들려고

했죠. 이렇게 한 학기를 보내고 이상한 형태의 큰 물건을 만들었어요. 사실 그 이상한 결과물이 전부가 아니라 거기까지 가는 지적인 과정이 더 중요한 작업이었어요.

배 학교에서 허용해 주었네요. 졸업했으니까. 교수들의 반응이 어땠을까? 짐작컨대 도면까지는 다 좋아했을 것 같아요. 근육까지 추상적으로 그린 그림까지는.

최 아름다운 도면과 지적인 과정을 좋아한 건 맞아요. 결과가 무엇이 나올까 교수, 학생 모두 많이 기대했어요. 그런데 결과를 만드는 데서 꽉 막혔어요. 중간 평가를 지나면서 답답하니까 처음엔 땅에 굴을 파겠다, 내가 겨우 지나다닐 수 있는 얇고 긴 피트를 파겠다고 했죠. 건축과 건물 앞마당에.

배 대지예술처럼?

최 네. 근데 학교에서 허락을 안 해 줬죠. 학교 잔디밭에 땅 판다는 학생을 누가 놔둬요. 결국 높이 3m, 무게 250kg이나 되는 물건을 학교 복도에서 만들었는데 완전 난장판이 됐어요. 매일 엄청난 양의 석고를 가져다 붓고 나무 가지고 와서 못질하니까, 복도를 지나다니는 학생들과 선생님들이 한편으로는 뭐가 나올까 기대를 하면서도 같이 쓰는 공간을 지저분하게 만드니 눈총을 줬어요. 그땐 신경을 쓸 여유도 없었지만. 추미가 학기 말에 모든 학생 앞에서 "앞으로 이렇게 작업하는 학생은 없기 바랍니다."라고 말한 걸 보면 뭐 알만 하죠.

배 물건에 대한 교수와 학생의 반응은 어땠어요? 최종 크리틱에서 어떤 이야기를 들었어요?

최 그런 걸 외부 사람들은 뭐라고 평가할까 궁금해하는 학생들이 많아서 내 발표 때 방이 가득 찼어요. 어떤 선생님은 지적이고 멋진 작업이라고 했는데, 지금은 돌아가신 레비우스 우즈가 "이건 건축이 아니야! 너는 지금 건축을 하는 게 아니야!"라고 맹비난을 했어요. 난 "그럼 선생님의 건축은 뭐죠? 그냥 그림이나 그리고 있잖아요."라고 반문을 하며 방어했어요.

배 레비우스 우즈는 지을 수 없는 아름다운 건축 그림을 평생 그린 사람인데. 크리틱이 정확하고 성품도 좋은 분이 왜 화를 냈을까? 그림에 머물지 않고 지으려고 했기 때문에? 그 자리에 없었지만 당시 설계 크리틱의 모습이 환해요. 학생이 한 작업을 보고 이야기해야 하는데 교수들은 저마다 자기 이야기만 하고, 서로 싸우고. 욕망과 지성, 허영과 진정성이 교차하는 건축 세계 내면의 광경이죠. 크리틱이 배짱 테스트인가?

최 한 학기 내내 정말로 많은 생각을 하고 노동해 만든 것이 처음부터 그냥 무시당하는 상황이 너무 힘들었어요. 그 힘든 기억 때문에 우리 학생들에게 그런 평가는 자제해요. 그때 내 노동으로 커다란 걸 만들고 싶다는 생각을 했고 결과는 유치하고 거칠게 보일 수 있지만 나름대로 절실하고 진지한 작업이었어요.

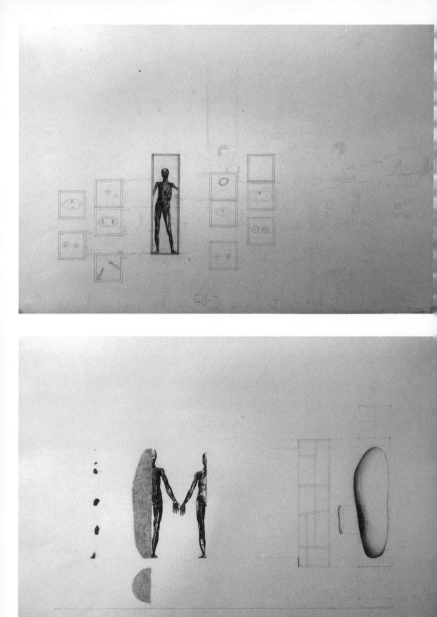

98

배 그럼 최 교수님은 무엇을 기대한 걸까요? 이 작업이 건축
프로젝트로 전환될 거라고 예상했던 건가요?

최 아니요. 그런 굉장한 생각보다는 단순히 도면이나 모형에서
벗어나고 싶었던 거죠. 만들겠다는 생각이 있었는데 만들
능력이 없었어요. 어떻게 생각이 건축으로 구현되는지 직접
경험하고 싶었던 건데 이상한 번데기 모양이 되어 버렸죠.
그 과정에서 생각과 결과 사이에 엄청난 심연이 존재한다는
걸 확실히 깨달았으니 좋은 공부였던 걸지도 몰라요. 만들기
전에 도면을 많이 그렸는데 30년 만에 보니까 내가 이렇게
정교하고 예쁜 도면을 그릴 수 있는 사람이었다는 게 신기해요.

배 지난 100년간 건축교육의 문제고 지금도 우리의 설계
스튜디오에 남아 있는 문제죠. 학교에서는 실제로 짓는 일을
거의 하지 않기 때문에 가장 좋은 평가를 받는 것은 아름답고
정교한 그림.

최 그림하고 실제하고의 간극을 지금은 이해하지만 그땐 만듦에
대해 고민 없는 정교한 그림과 모형으로 끝나는 게 싫었어요.
비록 작동하지 않아도 피카비아의 "무능한 기계들"과 비슷한
커다란 것을 만들고 싶었는데 막다른 골목 끝에 막힌 거죠.
결과적으론 커다란 실패를 한 건데 후회는 없어요. 한번쯤
이렇게 끝까지 가보는 것도 나쁘진 않아요.

红色 98

애벌레, 번데기, 나비

최 로댕에겐 제자가 여럿 있어요. 적자는 부르델, 제자 중에서 가장
중요한 조각가는 브랑쿠시. 부르델은 로댕 류의 조각을
계속했지만 브랑쿠시는 로댕 밑에 잠깐 있다가 "거목 밑에서는
나무가 자라지 않는다."면서 떠났어요. 브랑쿠시와 같은 고민을
할 시기가 있어요, 나도 있었고.

배 브랑쿠시가 부르델 보다 한 세대 젊기도 했죠. 로댕을 알지만
그 그늘에서 벗어났기에 새로운 현대 조각을 열 수 있었습니다.
그런데 독립한다는 것은 힘들잖아요. 최 교수님은 같은 연배의
건축가들보다 늦게, 그것도 외환위기 때에 설계사무소를
시작했어요. 사무실을 열고 무슨 생각이 들었나요?

최 우선 생존이죠. 사무실의 경제적인 문제를 해결하기 위해
고민하고 많은 시간을 써야 했어요. 그러다 보니 그렇게 하고
싶었던 내 설계에 집중할 시간이 없는 거예요. 조금 숨을 돌리고
나니 '나는 누구지?' '어디서부터 설계를 시작해야 하지?'라는
정말로 어려운 질문들이 내 앞에 서 있었어요.

grove me

배 그렇죠. 내 위에 보스가 있으면 그런 질문을 할 필요가 없지요.

최 이성관 소장님과 일하면서도 시간이 나면 스스로 그런 질문을
   하기는 했었어요. 매일 평면과 입면을 그리는 것에 의문을
   가지고 건축과 우리가 사는 사회와의 관계를 보기 시작한 거죠.
   '건축은 어디서 어떻게 시작되어야 하나?' 질문이 시작된 거죠.
   '법규 검토하고 기둥 박고, 코어 자리 잡고, 매스 잘 만든 다음
   입면 그리면 그걸 건축이라고 부르는 건가?'라는 의문.

배 내가 이 사람과 똑같이 될 것이냐, 아니면 이 사람에게서 벗어날
   것이냐, 벗어날 것이면 어떻게 벗어날 것이냐. 우리는 자유를
   원하는 것 같지만 사실은 가장 힘든 것이 자유죠.

최 바로 내가 처음 사무실을 시작하면서 고통스러웠던 부분이에요.
   이성관 소장님과 일하면서 내가 다한 것 같아도 결국 마지막엔
   허락을 받았어요. 거기에 익숙했던 거죠. 사무소를 시작하고 2년
   정도가 지나서야 그 그늘에서 벗어나 내가 누군지 알 수
   있었어요. 이성관 소장님의 설계와 사무소 운영에서 조금
   거리를 두고 내 모습을 만들어 가는데 2년이 넘게 걸린 거예요.

배 선생님이 있으면 벗어나고 싶지만 동시에 선생님이 있어야
   해요. 난 젊었을 때 선생 찾으러 다닌 것 같아요. 그리고
   선생님뿐 아니라 책을 통해, 경험을 통해, 함께 일하는 사람,
   나이 들면서 후배와 제자들한테 배워요. 이토 토요하고 이성관
   소장님 이외에 다른 사람의 영향을 받았을 것 같은데.

최 최근은 아니지만, 20년 전쯤 내게 가장 큰 영향을 준 건 렘
    콜하스예요. 당시 보르도 하우스, 쿤스트할, 시애틀 도서관 같은
    건물은 내겐 한 권 한 권 교과서에요. 교과서라는 게 그걸 보고
    따라 했다는 게 아니고, 그 안의 생각을 이해하기 시작했다는
    말이죠. 건축은 멋진 걸 만드는 것, 개인의 감성을 표현하는
    것이 아니라는 걸 렘 콜하스의 작품과 글을 통해 알게 된 거죠.
    세지마가 구조, 아름다움, 공간의 기능을 부정했다면, 렘은
    그것을 이루고 있는 기본적인 체계, 5000년밖에 안 된 그
    체계에 대해 질문을 하고 그 가능성을 건물로 만들어서 보여
    준 거죠. 그저 이상한 형태가 아니라 그 안에 숨어 있는
    약속들에 질문하면서. 렘의 건축을 공부하면서 건축은 개인의
    감성으로 멋진 형태를 만들고 자신의 스타일을 반복하는 작업이
    아니라는 걸 알게 된 거예요.

배 렘이 그런 면에서 다른 스타 아키텍트와 다르죠. 스타는 선망의
    이미지를 제공해 주는데 렘은 그런 모델이 아니라 새로운
    건축의 타입, 건축을 보는 새로운 방법과 태도를 보여 줬죠.
    그래서 따라 하지 않으면서 배울 것이 많았던 거죠.

최 사실 렘만 제 스승이 아니고요. 과거의 많은 건축가와 주변의
    친구 건축가들, 후배들 모두 스승이죠. 그래서 열심히 다른
    건축가의 작품을 보는 건데, 여행 가서 직접 보기도 하지만 책과
    잡지를 보면서 매일 배워요. 배 교수님은 누구를 선생으로
    생각해요?

오늘도 빗는다마는

배 우리나라에서는 강홍빈 선생님, 외국에서는 MIT 지도 교수였던
스탠포드 앤더슨. 학자의 자세와 공부하는 방법을 배웠죠. 직접
만난 적은 없지만 글을 통해 가장 영향을 받은 것은 미셸 푸코.
건축에 대해서, 세상에 대해서 지금도 여러 사람한테 배우죠.
함께 이야기를 나누고 일을 하는 건축가들한테 배워요.
이분들에게 배우면서 많이 변했어요. 변하지 않으면 죽어요.
생명의 근본이라 생각해요. 역사를 쓰고 비평을 하면
결과론적으로 사승 관계, 영향 관계를 재구성하지만 변화의
순간을 본인은 몰라요. 지나고 나서, 남들이 봐줘서 알기
시작하죠. 새로운 것은 그것이 만들어지기 전에 몰라요.
만들어진 다음에 새롭다는 것을 알지요.

최 교육이든 영향이든 변화는 일어나죠. 그런데 그 변화가
선형적이 아닐지도 모른다는 생각이 들어요. 나비는 누에고치가
되기 전에 애벌레잖아요. 그런데 그 셋이 너무도 다르게
생겼어요. 애벌레하고 누에고치 그리고 나비가 만나면 서로
동류라는 걸 알아볼까요? 처음 번데기에서 나온 나비가 거울을
보지 못하면 자기가 누군지 알 수 있을까요? 헷갈리잖아요. 내가
번데기야, 애벌레야, 나비야? 내가 날 수 있으니 누에는 아닌데
내 얼굴은 보지 못하잖아요. 사무실을 처음 시작했을 때의 나는
뭐였을까요. 지금과 같은 나인가요? 20년 동안 여러 번의
변태를 거친 나는 무엇이 변한 거고 무엇이 남아 있는지 항상
스스로에게 묻죠.

배　당시 최문규와 지금의 최문규는 같은 사람인가요?

최　겉모습은 비슷하죠. 그때 사진을 보면 젊었지만 지금이랑
　　비슷해요. 그러니까 나 자신은 물론이고 다른 사람들도 내가
　　변함없는 연속체라고 생각할 수 있을 것 같아요. 30년 동안
　　계속해서 같은 사람이라는 거죠. 그런데 정말 그럴까요?

배　사람은 변태를 하지 않으니 조금씩 모습이 변하는 한
　　비슷하다고 생각하는 게 아닐까요. 그런데 사람도 여러 변화를
　　거쳐서 나비가 되죠. 그리고 나비처럼 언젠가는 아름다움이
　　사라지죠.

최　트리나 플러스의 «꽃들에게 희망을»을 보면 나비가 애벌레에게
　　이야기하는 장면이 있어요. "너는 곧 나처럼 될 거야." 애벌레는
　　못 알아들어요. 내 삶과 경험도 연속적이기보다는 그렇게
　　듬성듬성 잘린 토막일지도 모르죠. 몇 년 전 작업을 했던 나와
　　지금의 나는 같을 수 있지만 전혀 다를 수도 있고. 다른 사람을
　　만나고 책을 읽고 새로운 경험을 하면서 시간이 지나는데 다른
　　게 어쩌면 당연할지도 모르죠. 어쩌면 둘셋, 아니면 더 많은 내가
　　건축을 하는데 건축적 일관성을 요구하는 건 이상한 걸 수도
　　있어요.

쌈지길

현대카드 뮤직 라이브러리

담벼락 밑에 자는 아이

배   쌈지길, 숭실대학교, 현대카드 뮤직 라이브러리, 서울시립
     대학교 100주년 기념관, 파리 한국 학생 기숙사. 외부 공간,
     함께하는 공간에 대한 관심, 그런 공간을 만들고 싶은 의지가
     어디서 출발했을까요?

최   어릴 때 시간만 나면 밖에서 놀았어요. 영하 10도인데도
     매일 나가서 놀아 손이 얼어 터지곤 했어요. 하루는 어머니가
     집에 가는데 어떤 애가 담벼락에 기대 졸고 있더래요. 보니까
     당신 아들이었던 거죠. 그게 초등학교 3학년 때예요. 놀다가
     지쳤는데도 더 놀고 싶고 집에 가긴 싫은 거죠. 햇살에 따뜻하게
     데워진 남향 담벼락에 기대 있다가 잠이 든 거예요. 그때는 좁은
     집보다는 골목이 더 넓고 좋았고, 매일 놀던 작은 창고하고 긴
     골목은 내가 지금 건축을 하는 기억의 재료이기도 해요. 배
     교수님도 골목에서 놀지 않았어요?

배   나도 골목 축구하고 땅따먹기는 했지만 담벼락 밑에서 자지는
     않았어요. 최 교수님의 독특한 성격이기도 하지만 당시
     우리나라 도시의 공간 문화가 그랬지요. 내가 가장 좋아하는

쌈지길

한국 도시의 이미지가 있어요. 김기찬의 골목 사진. 그중 1980년대 아현동, 동네 아이들이 길바닥에 돗자리 깔아 놓고 같이 공부하는 사진. 어린 최문규는 그런 골목에서 공부하는 것이 아니라 볕이 좋은 데서 자고 있었던 거죠. 요즘은 상상할 수 없는 모습이죠.

최 우리나라의 현대 건축이, 우리의 생활이 이제 그런 외부 공간을 잃었어요. 쇼핑몰처럼 안에서 먹고 쇼핑하고 놀 수 있는 공간이 외부를 대신해서 밖에 나갈 필요가 없어진 거죠. 우리나라 날씨가 그리 나쁘지 않은데도, 사람들은 밖에 잘 안 나가요. 조금만 햇볕을 쬐도 큰일 날 거로 알아요. 선크림 안 바르면 기미가 생기고, 비 맞으면 머리가 빠진다고도 하고. 거기에 이제는 황사, 미세먼지까지 가세했으니 외부에 점점 나가지 않겠죠.

배 사실 우리나라뿐만 아니라 전 세계 날씨가 나빠졌죠. 앞으로 기후 변화 때문에 우리가 공간을 사용하는 방식이 많이 바뀔 거예요. 함께하는 공간에 대한 최 교수님의 관심은 날씨의 문제라기보다는 사람의 문제잖아요.

최 맞아요. 건축의 기본은 사람이고 사람이 만나는 곳이 건축이니까. 학문적 연구 수준까지는 못 미치고 다소 거친 접근과 해석이 있겠지만 사람에 대한 생각과 관찰이 나한텐 중요해요. 예를 들면 '메르스'가 퍼질 때 사람들이 모여 살도록

태학사, 파주

만들어진 이 도시는 전염병에 어떤 방법으로 대처할 수
있는가에 대해 관찰하고 생각하는 거죠. 그렇지만 사회와
프로그램에 대한 이런 리서치가 사람들의 행태를 예측하는
것하고는 다른 거예요. 예측이라는 이름으로 옥죄기보다는 그냥
넉넉하게 만들고 사용자들이 알아서 쓰는 건축이 좋아요.

배 나도 '예측'하는 것을 싫어해요. 자본주의의 성장과 효율 논리가
만들어 낸 인위적 장치예요. 경영학이 시작해서 건축에서는
사람의 움직임, 행태를 기계처럼 예측할 수 있다는 기능주의로
나타났죠. 인간을 내버려 두면 얼마나 제멋대로인데.

최 20세기 중반 예측 가능성을 믿고 건축하려 했던 여러 기법의
허구성과 실패, 이런 것을 공부하고 예측에 대해 회의적이
됐어요. 숭실대 학생회관에 문이 25개 있는데, 대부분의 학생이
반도 안 써봤을 거예요. 다 다니면 도장을 찍어 주는 둘레길도
아니고. 단순한 예측에 의한 것보다는 항상 새롭게 쓸 수 있는
공간, 누구에게나 안전한 건물을 만들어서 화학 작용처럼
시간이 흘러도 다양하게 쓸 수 있는 게 더 좋아요.

배 최문규의 건축이 가지고 있는 힘이에요. 특히 쌈지길과
현대카드 뮤직 라이브러리는 상업 공간인데 사적인 대지의 많은
공간이 마치 처음부터 공공의 영역처럼 보이고 느껴지게 해요.
모두 간단한 디자인인데. 디테일이나 기본적인 공간의 틀이
명쾌해서 시간이 흐른 뒤 덧붙거나 증축되었음에도 건축의 힘이

숭실대학교 학생회관

살아 있어요. 공공 공간의 핵심은 자유, 공간을 사용하는
사람들의 자유에 있다고 생각해요.

최 지난 몇 십 년 동안 경제가 발전하고 도시를 키웠지만 아쉽게도
공공 공간을 충분히 만들진 못했어요. 도서관을 짓고 관청을
만들고 공원을 꾸며도 도시에서 차지하는 비중이 크지 않아요.
실제 좋은 공간이 된 사례도 많지 않고요. 건축가야말로 우리
주변의 사적인 상업 공간을 공공의 공간으로 작동하게 만들
수 있는 사람이죠. 건축에서 프로그램의 변화라고 부르는 건데
비슷한 모양이라도 조금 바꾸거나 다른 걸 더하면 도시 환경이
풍부해지고 삶이 재미있어져요. 이런 과정을 거쳐 나온 공간이
쌈지길이고 현대카드 뮤직 라이브러리에요.

배 따스한 담벼락 밑에 자는 아이가 만들 만한 공간이에요.
인사동과 이태원, 큰 건물과 작은 건물의 차이를 알고 사람의
활동을 길이로 풀어내고 다시 단면 안에 압축할 줄 아는 건축.

최 프로그램과 동네가 다르면 공간, 형태, 재료가 다르기 마련. 어느
날 딸이 개를 만지면서 이 개도 사람처럼 뇌가 있고 위가 있고
장이 있냐고 물어봐서 다 있다고 했더니 곤충은 어떠냐고
하더라고요. 당연히 기관과 신경이 있지만 곤충은 다르잖아요.
생명체도 복잡해질수록 여러 기관이 더 필요하듯, 건축도
커지면 굉장히 복잡해져요. 복잡한 프로젝트는 이미 있는
지식과 주변의 협력이 필요해요.

서울시립대학교 100주년 기념관

배　요즈음은 테크놀러지 덕분에 사람, 개, 잠자리에 기계와
　　인공지능을 덧붙인 새로운 인조인간, 인조 생명체들이
　　등장했죠. 사람도 오래 살아서 평균 수명 50이 아니라 평균 수명
　　80을 전제로 한 건축과 공간을 만드는 상황이 됐어요.

최　인간은 20세기 초까지는 길어야 50년밖에 못살았고 건축도
　　그것에 맞게 만들어졌다고 볼 수 있어요. 그 전의 인간에
　　맞춰졌던 건축은 이제 상황이 변했으니 당연히 변할 수밖에
　　없고. 중요한 건 무엇이 변하지 않았고 무엇이 변화했는가를
　　아는 건데, 문제는 인간이 '과진화'해서 그것을 알기 쉽지 않다는
　　점이죠. 환경의 변화에 맞게 적응해서 생존하고 번식하는 게
　　진화인데, '과진화'했다는 건 단순한 생존 이상 다른 것을 사람이
　　원하고 있는 거죠. 거기에 개개인의 다양성마저 더해지면서
　　사실상 예측은 불가능해지고 예측을 바탕으로 한 건축도
　　어려워지는 거라고 생각해요.

배　어두운 미래를 그리는 많은 영화처럼 그전에 큰 변화가 올지도
　　모르죠.

최　영화 ‹설국열차›에 나오는 것처럼 하루의 필요 영양소가 들어
　　있는 칼로리 바를 하루에 1개씩 주면 며칠 못가서 폭동이 일어날
　　거예요. 그게 사람이에요. 그걸 뻔히 알면서 그런 '칼로리 바의
　　건축'을 하면 안 되겠죠. 다른 걸 예측할 수는 없지만 앞으로
　　건축이 더욱 다양한 모습이 될 거로 생각해요. 종의 다양성은

연세대학교 진리관, 송도

급격한 환경의 변화에도 생존의 가능성을 높이니까. 내가
통념과 다른 생각과 행동을 하는 것은 다양성을 추구하기
때문이에요.

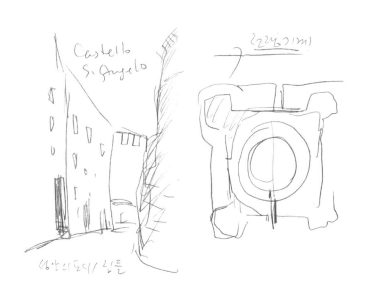

Castello
S. Angelo

¿¿24 ¿¿ ¿¿ ¿¿)

여보의홍데 나줄

Serapeo

Canopo

keep deep
space

B   P   3   C   X

127

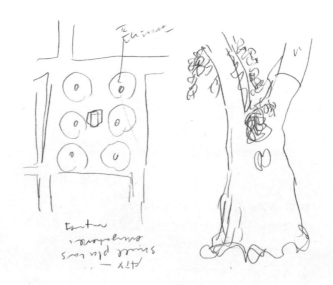

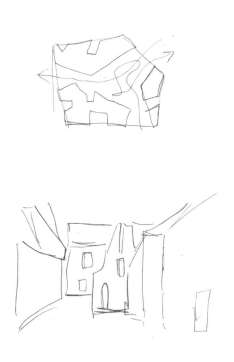

scapa
Stunolva

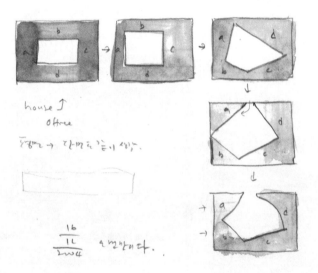

house ↑
  Office

영업소 → 단계로 높이 생각.

$$\frac{16}{1L}$$
$$\frac{}{2W4}$$ 의 방이다.

의심의 기계: 평면과 단면

최 　내가 감성이 없는 기계처럼 설계할 수 있다면 좋겠다고 생각한
　　적이 있어요. 날씨와 기분에 따라 움직이지 않고 철저히
　　이성적인 사고로 내 앞에 있는 것을 의심하며 설계를 하면
　　좋겠다는 생각.

배 　"건축가가 의심하는 기계로 작동한다!" 멋있는 말인데 실무에서
　　무엇을 의미하는 거지요?

최 　지금까지 해온 건축의 방법과 결과를 의심하는 거죠.
　　건축가들은 대부분 배치나 평면에서 시작해요. 미스 반 데어
　　로에나 르코르뷔지에, 루이스 칸이나 렘 콜하스처럼 건축의
　　근본을 물었던 건축가를 제외하고 대부분의 건축가는 평면
　　쭉 쌓고, 형태를 만들고, 기둥 간격 잡고 입면을 디자인하거나
　　외피를 붙여요. 기계적인 과정에 가까워요. 이 과정이 최선인가
　　의심을 가져야 대안을 위한 질문을 던질 수 있어요.

배 　평면을 의심하면서 설계하는 방법이 뭘까요?

R-R!
Topology.

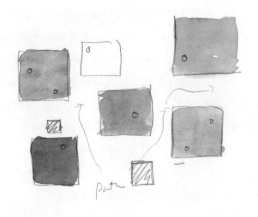

path

최 중정을 가진 집을 예로 들어 볼까요. 가장 간단한 건 사각형의 가운데에 사각형의 중정이 있는 건데 그것 말고 다른 대안을 만들어 보죠. 우선 옆으로 치우친 중정을 가진 평면을 만들 수 있고 중정을 회전시키거나 우회하면 지금까진 없던 다른 평면을 만들 수도 있죠. 이렇게 여러 대안을 만들다 보면 기존의 건축이 유일한 해법이 아닐지도 모른다는 데까지 도달할 수 있어요.

배 같은 중정형 평면에서도 각기 다른 구성이 다른 사회적 관계를 내포하고 있는 거죠. 평면을 "방들이 모인 사회"라고 말한 루이스 칸의 다이어그램이 생각납니다. 평면을 사회의 다이어그램이라고 하죠.

최 우리가 사는 사회는 여러 약속이 있고 그 약속이 평면을 만들어요. 예를 들면 우리가 다닌 학교 교실의 크기나 배열이 그런 약속의 결과죠. 한 번이라도 교장실 옆에 수위실이 있는 학교를 생각해 본 적 있나요? 이처럼 간단한 스케치나 다이어그램을 이용해 기존 건축에 숨겨진 이유를 의심하고 질문을 던지는 거죠. 기성 사회가 만드는 평면 규칙을 볼 수 있는 방법을 찾고 조금씩이라도 변화시키는 가능성을 찾는 겁니다.

배 평면의 틀은 사회가 만든 것이기 때문에 이것을 건축가가 크게 흔들 수 없는 거죠. 거대한 사회의 변혁기, 근대에서는 19세기 말에서 20세기 초반, 계층 사회가 와해되면서 방과 채로 나눠진

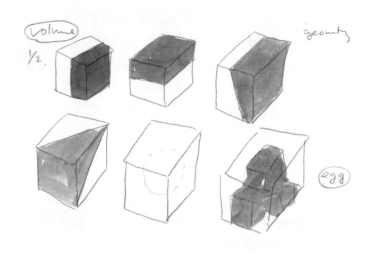

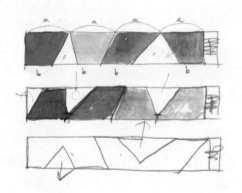

집이 열린 공간, '오픈 플랜'으로 전환됩니다. 단면도 사회의
조직이지만 평면보다는 테크놀러지, 밀도, 감각의 변수 등이
다양하게 작용하는 것 같아요.

최 평면의 틀을 흔드는 게 얼마나 어려운지는 아파트의 방 크기가
다른 데서 쉽게 알 수 있어요. 집에서 방의 크기가 다른 건
당연하다 볼 수 있지만 평등이라는 입장에서 보면
이상하잖아요. 그래도 방 크기가 다 같은 아파트를 하나도 찾아
볼 수 없는 건 기존 관념의 저항이 얼마나 큰지를 역설적으로
보여줘요. 이와는 달리 단면은 위와 아래, 깊이와 소통에 대한
문제에요. 우리의 옛 건축은 평면의 깊이, 배치의 깊이가
놀라워요. 그렇지만 건물 내부의 적층이나 공간적 단면을 볼
수 있는 경우는 거의 없습니다. 서양의 경우에는 피라네시의
판화나 로마 유적에서 볼 수 있지만 근대 이전엔 복잡한 단면을
보기는 어려워요.

배 한국의 옛 건축은 거대한 스케일이나 밀도가 높은 공간이
필요하지 않았고, 온돌 생활, 햇빛을 받아야 하는 문화적인
요인이 작용했어요. 물론 지형과 건축을 아우르는 단면의
솜씨는 대단했고. 20세기 전에 서양 건축이 동아시아보다
스케일이 크고 위에서 내려오는 빛에 대한 의식이 강렬했지만
단면의 변화가 별로 없었지요.

why do we try to make
volumes.
→ voluetic space
not simple slabs.

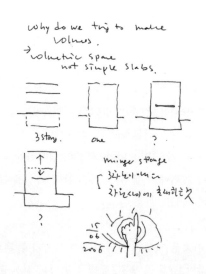

3 story.   one   ?

?

minger sponge
[조각이에서
라면(라니)에 흥내한것

15
06
2006

최 　근대 건축의 단면은 아돌프 로스의 '라움플란'에서 시작돼요.
거칠게 말하면 '라움플란'은 공간적 평면이죠. 평면적인 깊이뿐
아니라 삼차원적 깊이를 만드는 건축. 문제는 단면이 평면보다
이해하기 어려워서 수직과 수평의 깊이를 모두 가진 건축의
예는 많지 않아요.

배 　반복적인 슬래브가 현대 건축의 전형적인 단면이죠. 수평적으로
공간을 확장하거나 밀도를 높이기 위해 적층하기 쉬운
시스템입니다. 면적을 늘리는 효율적인 수단이지만 쇼핑몰같이
평면의 폭이 깊은 실내 공간, 아파트 같이 적층되는 고층
빌딩에서는 소통이 어려워져요. 100년 전에 르코르뷔지에가
'돔이노' 프레임을 통해 그 공간적인 틀을 잘 보여 줬고 수직
수평의 깊이를 만드는 방법을 보여 줬죠. 하지만 2000년대
초 최 교수님이 처음 건물을 짓기 시작할 때 우리나라에서 수평
슬래브에 대한 의식을 가진 건축가가 많지 않았어요. 최
교수님은 그동안 단면 시스템을 조금씩 변형하는 작업을
계속했어요.

최 　처음엔 모두 같은 높이를 갖는 식빵 같은 건물을 벗어날 수
없을까라는 시도였고 점차 단면의 다양함, 공간의 깊이 쪽으로
옮겨갔죠. 지금은 가능한 시선이 깊이 다다를 수 있는 건축에
관심이 많습니다. 그건 서로가 서로를 어디서든 볼 수 있는
공간이고 다른 사람을 인식할 수 있는 민주화된 공간이라고
생각해요. 쌈지길, 숭실대 학생회관, 그리고 파리 한국학생
기숙사 등은 그런 생각이 건물에 녹아든 거예요.

배 쌈지길의 평면과 단면은 정말 간단하죠. 가운데 중정이 있고 램프가 그 주위를 두르는 평면 유형이죠. 인사동의 상황에서 '기계적'으로 발상할 수 있는 평면인 것 같아요. 이런 평면 유형에서 보통 복도가 모두 중정 쪽으로 향하는데 쌈지길은 그것을 의심했나 봐요. 방문객이 램프를 따라가면서 때로는 안쪽으로 때로는 바깥쪽으로 돌면서 높이에 따라 여러 풍경을 보면서 최 교수님이 말하는 '시선의 깊이'가 만들어진 거죠. 서울시립대 100주년 기념관에서는 캠퍼스를 연결시켜 주는 인공 대지를 만들어 주었죠. 새로운 단면이 대학의 입구에 등장해 캠퍼스 생활의 체험이 확장될 수 있는 가능성이 열렸어요. 숭실대 학생회관에서는 지형과 공간을 결합해 흥미로운 깊은 공간을 만들었어요. 쌈지길이 긴 이등변 삼각형으로 압축되어 인사동이 아니라 운동장과 캠퍼스 광장에 대응하고 있어요. 사용자들이 처음엔 조금 혼란스러웠을 것 같은데 발견하고 적응해가는 건물인 것 같아요.

최 숭실대 학생회관의 경우 처음엔 공간이 복잡해서 사용자들이 조금 헷갈려 했지만 바로 잘 적응하고 사용해요. 프로그램이 많이 복잡해서 여러 프로그램의 면적과 필요한 높이 그리고 연결 관계 등에 따라 입체적으로 배치한 다음 그것을 동선과 시선으로 연결해서 평면적 깊이와 단면적 관계를 만들었어요. 다 끝내고 지금 보면 쉬운데, 설계할 땐 쉽지 않았고 이 복잡한 걸 어떻게 만들었는지 지금도 놀라워요.

배 설계하는 기계가 자꾸 의심하니까 쉽지 않죠.

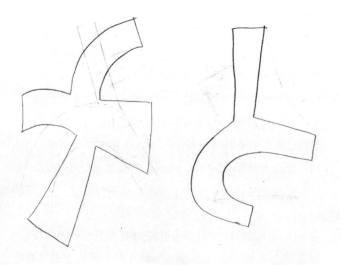

142

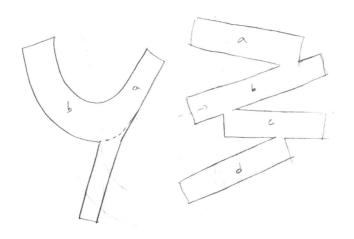

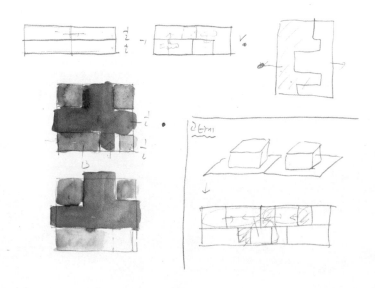

x.y.z folding
- space Inbetween:
- 낮은것과 높이낮은것

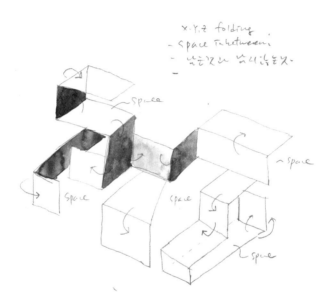

space

space

space

space

space

space

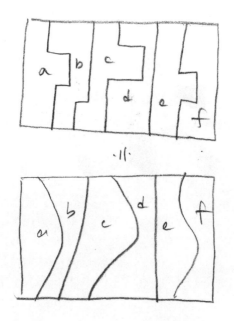

·II·

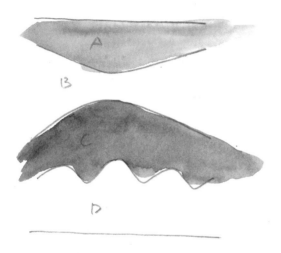

A

B

C

D

놀리강도 (개인의) 아닌줄 알면서도
그냥 해야만 하는 일이 있다.

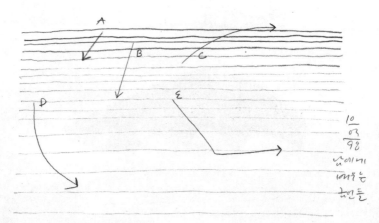

10
03
98
남에게
해주는
조언들

이상한 생각: 입면

배　대학 다닐 때 건축 설계와 멀어진 계기가 두 가지 있어요.
　　첫째는 친구들처럼 밤샘할 체력이 없다고 생각해서. 두 번째는
　　입면이에요. 도대체 입면을 무슨 논리로 어떻게 만들어야 할지
　　모르겠더라고요. 가르쳐 주는 사람도 없고. 입면을 어떻게
　　만들어야 하는지 물어보면 "뭘 그런 걸 물어보냐?"라는 답변만
　　있을 뿐.

최　입면을 만드는 건 사실 힘들어요. 좋아하는 외부 재료를 정하고
　　좋아하는 비례로 창문을 내는 건 쉬울 수 있겠지만 내부와
　　외부의 관계를 생각하는 순간 어려워져요. 평면과 단면을 정한
　　후에 입면을 따로 디자인하는 것이 불편해졌고 어느 순간부터는
　　디자인하지 않고 입면을 만드는 방법이 없나 고민하기
　　시작했어요.

배　건축사를 공부하면서 내가 입면을 왜 그렇게 힘들어했는지
　　깨달았어요. 서양 건축은 고딕부터 조화로운 입면이라는 전통이
　　만들어졌어요. 입면, 단면, 내부 공간이 통합되어야 한다는
　　규범이었고 이것이 현대 건축까지 이어졌죠. 얼굴이 사람의

a   b   c

내면을 보여 주듯이 건물의 파사드가 그 내부를 투영해야
한다고. 그런데 20세기에 들어오면서 이 규범이 깨지죠.
르코르뷔지에 식으로 이야기하면 자유로운 입면이 등장하면서
안과 밖의 고리가 끊어지기 시작한 거죠. 한국의 옛 건축은
입면의 전통이 없었고 오랫동안 현대 건축의 전통도 없었으니
입면 디자인을 배울 방법이 없었죠. 내부와 외부가 분리된
상태에서 많은 건축가가 입면을 감각에 의지해서 디자인합니다.
건물 구조, 내부 공간과 별도로 파사드만 디자인하는
프로젝트가 많아졌어요. 평면과 단면은 사회를 의심하는
기계처럼 만든다 해도 입면은 다른 종류의 문제 아닌가요?
입면도 감성이 소거된 기계처럼 의심하며 설계할 수 있나요?

최 그 감성으로 하면 편할 수 있겠죠. 그런데 그렇게 하면 내
감각이 나쁘면 결과적으로 건물의 외관도 나쁘게 되는 게 너무
허탈한 거예요. 그보다는 평면과 단면을 정하면 그에 따라
환기와 채광에 필요한 창을 크기, 위치, 루버, 가격 등의 요소를
기준으로 감성 없이 만드는 게 어떨까 생각한 거죠. 다른 방법이
있는데 굳이 개인적인 미적 감각과 비례에 기대어 외관을
결정하는 게 싫어요.

배 태학사에서는 전부 정사각형 유리를 사용했는데 쌈지
미술창고에서는 큰 유리를 사용했어요.

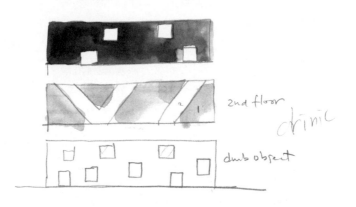

2nd floor
clinic

dumb object

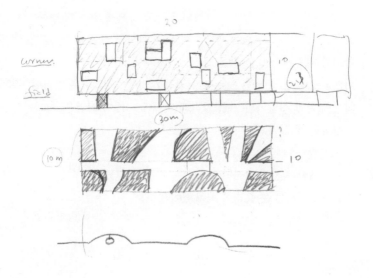

corner.

field

20

10

30m

10 m

_ 10

최 정사각형 창을 많이 쓰는데 정사각형은 한 종류밖에 없어서일
   뿐 다른 이유는 없어요. 직사각형은 1:1.5, 1:1.4, 1:1.3 수없이
   많아서 뭘 고를까 고민을 해야 하지만, 정사각형은 한
   가지뿐이고 감정이 없잖아요. 내가 감정이 없는 것이 아니라
   비례를 보면서 '이게 조금 더 예쁘다', '가로로 10cm만 더
   키우자,' 이런 결정을 하며 시간을 보내고 싶지 않은 거예요.
   쌈지 미술창고는 당시 우리나라에서 생산되던 제일 큰 유리창
   3.3x2.4m를 그대로 쓴 거예요. 역시 그런 걸로 고민하지
   않겠다는 의지죠. 디자인을 한다는 게 오늘은 창문을 크게 했다
   작게 하고, 내일은 여기로 저기로 옮기는 거라면, 그러면서
   인생을 소모하고 싶지 않아요. 디자인을 끝냈는데 다른 사람이
   그 사람 취향으로 내 창문의 위치와 크기를 조금씩 바꾸는 건
   악몽이죠. 채광이 충분하게 창 면적이 바닥 면적의 1/10 이상
   되었는지, 층마다 환기는 되는지가 만족되면 "OK!"하는 게
   명쾌해요.

배 감성을 제거하려 했다고 하지만 난 태학사를 보면 감정이
   생겨요. 태학사가 이상해 보여요. 욕하는 것 아녜요. 파주출판
   도시의 필지 크기, 건축 지침, 프로그램 등을 감안하면 이상하게
   보이는 게 당연해요. 예쁘게 보이려고 하는 것이 자의적인
   일이죠. 감정을 아무리 제거하려고 해도 건축은 감정
   현상이에요. 만드는 사람, 사용하는 사람, 보는 사람 모두에게.

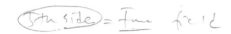

5th side = Four field

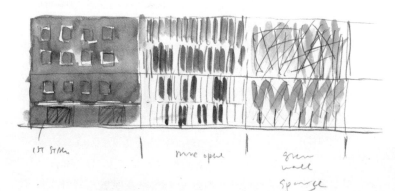

1st Str.   more open   green
                          wall
                          Sponge

154

최 예쁘게 봐주면 좋지만, "이상하게 보이는데요."라고 할 수도
있고 "아름다운 건물이야, 비례가 좋아."라고 할 수도 있어요.
그럼 어떻게 해요? 이 사람 저 사람에게 끝없이 물어볼 수 없는
거잖아요. 아름다운 건 좋지만 그게 목적이 아니었으면
좋겠어요. 생각 없이 아름다움으로 포장된 건축은, 잡지에
소개되고 회자되었다가도 몇 년 뒤에 아무도 신경 쓰지 않는
건물이 돼요. 최근 건축은 더 강한 자극으로 마비되고 있어요.
내부와 관련 없는 입면을 만들어 더 멋진 건물, 더 큰 건물,
더 있어 보이는 공간을 만들려 하죠. 나는 그걸 안 하는 거고.
입면이 내 건물을 판단하는 기준이 되지 않았으면 하는
입장일 뿐.

배 하지만 디자인이 마음에 안 들면 최 교수님도 바꾸잖아요.

최 바꿉니다. 그런데 그 이유가 내 감성이나 취향 때문이 아니라는
거죠. 내가 설계한 건물이 보기 싫단 말은 듣고 싶진 않죠.
하지만 단순히 보기 좋게 설계하지 않으려 노력해요. 물론
형태에 대한 고민이 없을 수 없죠. 지금도 해요. 건축은 눈으로
보고 몸으로 느끼는 것이라 감각이 배제된 건축은 상상할 수
없어요. 인간은 굉장히 동물적이에요. 건강에 좋은 것보단 입에
넣었을 때 맛있는 걸 좋아해요. 그게 MSG에요. 멋있는,
아름다운 건물을 당연히 좋아해요. 고딕성당에 들어갔을 때
사람들이 놀라는 건 동물적인 감각이에요. 그게 건축이에요.
그럼에도 불구하고 나는 그것이 아닌 언저리에 있는 다른
세계를 해 보고 싶은 거죠.

0706 mtc

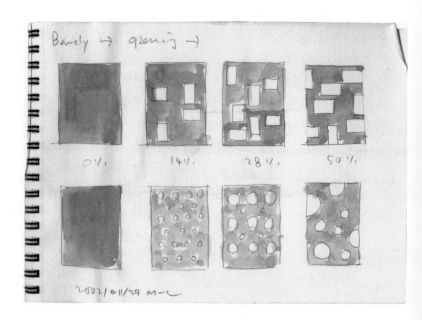

Barely → greening →

0 %   14 %   28 %   50 %

2002/ 011/27 m—c

배 감각을 부정할 수 없어요. 인간의 본능이자 문명이죠. 디자인할
때는 결국 감각과 논리, 경험과 기술, 여러 가지 요인이
작용하겠죠. 감각적으로 디자인하는 것과 건축이 그 시대의
감각을 담는 것은 다른 것. 고딕은 감각적으로 디자인한 것이
아니라 중세 시대의 감각이 담겨 있는 거죠. 중요한 것은
디자인이 개입하는 지점을 명확하게 잡는 것 아닐까요? 여기서
아돌프 로스가 또 우리 선생님입니다. 모든 것을 디자인하려고
했던 비엔나 제체시온의 형태 의지에 반해 로스는 디자인이
필요한 것과 필요 없는 것을 구분할 줄 알아야 한다고 했죠.
제체시온이 추구한 통합 예술은 결국 취향에 불과하다는 거죠.
형태와 재료, 제조 방법을 새로 고안해내야 하는 발명품, 그
당시에는 자동차나 수세식 변기를 디자인해야 하는 거지 예부터
잘 쓰고 있는 의자와 생활용품은 억지로 새로운 디자인을
입히려고 하지 말자고 했습니다.

최 비너스의 아름다움이 절대적으로 존재하는 사회는 끝났어요.
아돌프 로스가 100년 전에 벌써 알고 글을 썼듯이. 난 절대적인
아름다움이 존재하지 않는 지금 개인의 취향으로 시간을
소모하고 싶지 않고, 매일 변하는 인간의 감각에 더 이상 기대고
싶지 않아요. 그래서 김성홍 교수가 나한테 "디자이너의 직관력
또는 감각으로 입면을 구성하는 것에 대해 아직도 스스로
확신을 갖지 못하고 있다."고 쓴 적도 있어요.

05.
02
2004
M-C

배 최 교수님은 확신이 없는 게 아니라 입면을 만드는 방식이 무척 다양한 것 같아요. 입면이 없는 경우, 외부를 보고 내부를 전혀 상상할 수 없는 것, 알 듯 한데 알 수 없는 것, 외부가 내부를 투영하는 경우, 다 있어요. 태학사는 같은 크기의 흩어진 사각 창과 여러 색의 유리 때문에 알 듯 모르는 경우. 숭실대 학생회관은 적어도 세 가지 종류의 입면이 있어요.

최 설계하면서 그나마 내가 기대는 건 모든 건물에는 층 구별이 있다 정도일 거예요. 그 구분을 건물 외부로 나타내는 것에서 시작하지만 각 건물마다 다른 전략을 써요. 내부 공간의 모양이 일부는 그대로 드러나고 일부는 숨겨진 연세대 진리관 같은 건물이 있는가 하면 내부의 복잡한 공간의 모양을 전혀 드러내지 않는 태학사도 있어요. 반면에 한눈에 보이는 쌈지길도 있고.

배 최 교수님의 건축은 단면과 입면을 따로 떼어 내 생각할 수 없는 거예요. 건축의 조직 방식에 관심이 있는 거죠. 다이어그램으로 볼 때 평면과 단면이 굉장히 명쾌한데 건물의 실제적인 경험은 풍부하죠.

최 입면을 디자인한다기보다는 평면과 단면에서 시작해서 밖과의 관계를 찾는 방법이 건물마다 다르기 때문일 거예요. 평면이나 단면을 결정한 다음 입면을 만드는 게 아니라 안과 밖의 관계를 계속 생각하면서 설계하니까. 외부와 내부가 완전히 다른 걸

西?故事
01
2004

pattern?

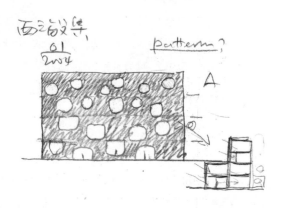

A

B

Book
103

가 15/8

24ch가

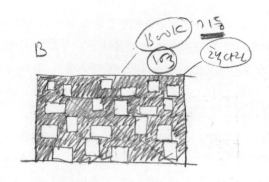

상상할 수 있듯이 외부가 내부를 얼마나 투영할 수 있는지도 여러 번 실험했죠. 그리고 건물에서 어디까지가 외부고 어디부터 내부인가를 생각하기도 해요. 내가 코를 만지면 누구도 뭐라 하지 않지만 콧구멍을 후비면 다들 지저분하다고 하잖아요. 같은 피부이고 바로 옆인데 왜 콧구멍을 지저분한 내부라고 생각하죠? 이런 이상한 생각들이 건물과 만나면 외부가 슬그머니 내부가 될 수 있고 굳이 감각으로 디자인하지 않고도 자동으로 입면 만드는 방법을 찾게 되는 겁니다.

현대카드 뮤직 라이브러리

흑색 쇄석 붙임, 독서지도회

어디서 건축을 하는가?

배 몇 년 전에 최 교수님하고 같이 건축상 심사를 했죠. 모든
   후보작에 대해 의견이 일치되었는데 한 건물을 두고 논란이
   일었어요. 치과병원으로 쓰고 있는 현대 한옥.

최 기억나요. 디자인이 좋고 나쁘고를 떠나 지금 건축상을 한옥에
   준다는 것에 저는 반대했죠. 같은 맥락에서 현대 건축을 다루는
   건축 잡지가 한옥을 소개하는 것도 불편하다고 생각하고.

배 "한옥은 건축 아닌가요? 한옥에서 지금 우리가 배울 것이 없는
   건가요?" 갑론을박했죠.

최 물론 한옥은 좋은 건축이죠. 한옥은 아름답고 공간적으로 배울
   게 많아요. 그리고 서울과 지방에 얼마 남지 않은 궁궐과 양반가,
   다양한 한옥을 잘 보존하고 알려야 된다고 생각해요. 문제는
   지금의 한옥이 과거의 것을 뛰어 넘을 수 없고 지금의 생활과
   맞지 않아요. 한옥을 원하는 건축주가 있다면 한옥을 설계할 수
   있다고 생각해요. 하지만 한옥을 건축 전문지에서 다루고
   건축상을 주는 것은 다른 문제죠. 조선시대와 똑같은 공법으로

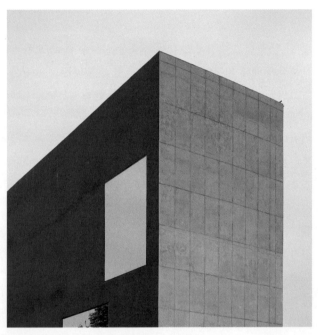

유로폼 노출 콘크리트, 창고미술관

똑같은 공간을 재생산하는 한옥에. 그래서 지금 우리의 건축계가 얻는 게 무얼까요? 그건 마치 옛 공법으로 지어진 미국의 뉴잉글랜드 콜로니얼 스타일 목조 주택을 《아키텍추럴 레코드》에서 다루고 AIA상을 주는 것과 같은 거 아닌가요?

배 콜로니얼 스타일 주택이라면 미국에서는 인테리어나 라이프스타일 잡지인 《아키텍추럴 다이제스트》에 실리죠. 그러니까 한옥은 《행복이 가득한 집》과 같은 매체가 어울린다는 거죠. 한옥이 일종의 라이프스타일로 제시되는 것이니까.

최 한옥을 좋아하고 거기서 살고 싶은 사람들을 당연히 존중해요. 하지만 그런 향수와 동경이 우리에게 당면한 문제를 풀지 못한다는 거죠. 옛 방식으로 지은 한옥은 지금의 건설 산업에 전혀 맞지 않는 수공예를 기반으로 한 고가의 건물이고 낮은 용적률을 생각하면 도시 주거로도 맞지 않는 형식이라고 생각해요. 어디서 건축을 한다고 말할 때 장소뿐 아니라 시간도 포함하는 건데 그걸 잊고 있는 건 아닌가요? 지금, 그리고 여기의 현실과 잘 맞지 않는데 한옥이 무조건 최고라는 건 무분별한 추앙이죠.

배 한옥에 대한 최 교수님의 입장하고 페터 춤토어의 작업에 대한 내 생각이 비슷해요. 춤토어의 건물은 아름답고 그런 건물을 만들 수 있는 역량을 높이 평가해요. 건축을 공부하는 사람이 양진당을 봐야 하는 것처럼 춤토어도 봐야지요. 하지만

압출성형 시멘트패널, 독서지도회

춤토어의 건축이 추종해야 할 규범이 되면 안 되죠. 옛 한옥처럼 춤토어의 작업 방식은 공예에 가까워요. 너무나 예외적이고 재현하기 어려운 것인데 춤토어의 건축이 숭배의 대상이 된 거예요. 이건 춤토어의 문제가 아니라 그를 대하는 태도의 문제죠.

최 춤토어의 건축을 좋아하는 것을 넘어 숭배되는 것이 불편하듯 한옥이 절대가치가 되는 것이 나는 불편해요. 한옥 보존을 넘어 신도시에 한옥단지를 만들거나 외국인의 입을 통해 한옥의 아름다움을 듣고 싶은 건 문화 우월주의 콤플렉스 아닌가싶고. 주어진 경제와 산업 조건 아래 건축을 만들고 그 안에서 생활하는 것인데 그런 고민 없이 한국성의 우월함으로 미화하고 복제하는 거죠.

배 건축과 예술의 정체성을 국적으로 묻지 않았으면 좋겠어요. 한반도에서 만들어지는 다양한 건축을 두고 계속되는 질문. "한국적인가?" 그 질문에 또 끊임없이 대답하는 건축가, 학자, 기자. '국가와 민족'이 지배 이념을 넘어 종교가 되면 안 되죠. 어떤 피부색을 갖고 있든 한국 사람이 될 수 있듯이 건축의 국적을 묻지 말고 어떤 조건에서 건축하는지, 어디서 어떻게 건축을 하는지 물어야죠.

최 이 땅에 짓는 건물을 설계할 때 내가 한국의 건축가라고 느껴요. 왜냐하면 땅의 모양과 지역의 기후만큼 중요한 조건이 건설

전벽돌 반토막 치장쌓기, 쌈지길

산업이니까. 눈이 많이 오는 울릉도를 행정 구역인 경상북도로 이해하면 될까요? 쉬운 방법은 육지에서 모든 재료와 기술자를 배로 실어 가서 지으면 되겠죠. 그런 생각이 열사의 두바이에 유리 마천루를 만드는 거죠. 기후와 산업 조건을 무시하는 순간 장소성은 완전히 무시되고 자기가 어디서 건축을 하는지 알 수 없게 돼요. 인구 1000만 도시의 반을 30년 만에 만들어 낸 우리의 건설 산업은 그 안에 많은 경험과 시행착오가 녹아 있고 생각보다 많은 잠재력이 있어요. 여기에 한국적 상황이 있다고 생각해요.

배 그러니까 '한국'이란 말이 개별 프로젝트의 건축주, 땅, 지역, 프로그램, 예산, 함께 일하는 사람들, 이런 다양 조건을 포섭하기에는 너무 추상적 이념이라는 거죠. 어쨌거나 당신은 한국의 건축가, 나는 한국의 건축학자죠.

최 어쩌면 나는 한국의 건축가가 아니라 서울 건축가라고 말하는 게 맞아요. 아직 서울을 벗어나 섬이나 산속에 건물을 지어본 적이 없고 그곳의 건설 산업의 특성을 제대로 이해하고 있지 못해요. 단순히 풍토와 역사뿐 아니라 특정 지역의 건설 산업을 말하는 겁니다. 그에 맞는 건축을 하는 것. 그게 내가 처음 사무소를 시작하고 작업하면서 해 보고 싶었던 거예요.

법면녹화, 딸기가 좋아

녹화마대(인공토양채움), 딸기가 좋아

배 그렇죠. 어디서 건축을 하는지, 그곳의 건설 산업과 생활방식을 모르면 건축은 이상해져요. 세계화가 될수록 장소성이 중요해요.

최 2015년 파리에 짓는 기숙사 현상설계에 당선돼 2018년에 완성했어요. 프랑스 건축가의 도움을 받았는데 파리의 건축에 대해 내가 너무 모른다고 느꼈어요. 그 지역의 법규, 건설 산업 그리고 기후가 달라서 내가 지금까지 알던 건축이 얼마나 좁은 것인지 알았고 결과도 한국 건축이라기보다는 그 혼성의 모습일 수밖에 없었죠. 지금 쿠알라룸푸르에서 새로운 일을 시작하는데 조금이라도 더 알려고 말레이시아에서 유학 온 학생의 도움을 받고 있어요. 형태나 공간뿐 아니라 특정 장소에서의 실제 삶의 모습은 지금까지 내 지식의 폭과 경험이 얼마나 유약한 것인지 알려줘요.

배 건축은 물건이 아니니까. 브랜드 상품을 수입하고 수출해서 좋은 건물을 만들어 내기 어려워요. 프랭크 게리는 어디서든 비슷한 건축을 하지요, 안도 다다오도 마찬가지. 건축주가 원하니까 수입하는 거죠. 수입하더라도 건축가와 상식적인 방식으로 일을 같이하면 되지요. 그런데 이들을 한옥처럼, 아이돌처럼, 숭배하는 거예요. 안도도 춤토어도, 한옥을 포함해서 그 어떤 건축도 숭배하면 안 돼요. 안도를 숭배하면 세계에서 가장 후진 안도 건물이 나온다는 것을 우리가 보여 줬어요.

스테인리스스틸 슈퍼미러, 정한숙 기념관

최   안도가 세계의 현대 건축에 기여한 바가 크죠. 그런데 그
아름다운 안도의 콘크리트 건축은 일본 특유의 목수 문화와
건설 산업이 기반이 되어 가능했던 거죠. 그런데 한국이든 세계
어느 곳이든 그 콘크리트로 자신의 건축을 만들려 하는 건
무리예요. 이건 외국 건축가만의 문제가 아니에요. 많은 한국
건축가들이 외국에서 교육받고 실무를 하다 귀국하면 거기서
경험하고 배운 대로 설계하는데 그게 잘 안 만들어져요. 그럼
바로 우리나라 건설의 후진성을 탓하는데, 그건 건축가에게
너무 쉬운 핑계예요.

배   넓고 열린 세계에서 생각하고 활동해야 합니다. 거기서 새롭고
다른 것을 받아들이고 배워야죠. 그런데 그것이 지속적인
이노베이션으로 자리 잡으려면 단지 수입해서 소비하는 것이
아니라 생산자로서 부단한 노력이 필요하죠.

최   어디에 짓든 노출콘크리트로 설계하거나 전혀 기술이 없는
지역에서 하이테크로 설계하는 건축가를 게으르다고 생각해요.
20년 전 노출콘크리트 대신 '콘크리트 노출'이라는 것을
개발해서 사용했어요. 말장난이 아니라 우리가 흔히 쓰는
'유로폼'으로 조금 거친 콘크리트를 만드는 방법인데 굉장히
경제적이고 보기에도 괜찮아서 요즘은 많은 건축가가 써요.
새롭게 벽돌을 쌓는 방법, 시멘트 패널을 붙이는 방법, 문양
거푸집 제작 등 한국에서는 굉장히 쉬운데, 다른 지역에서는
어려운 것을 많이 해봤어요. 이 모두 당시 건설 산업에 대한
이해 위에서 가능했던 거죠.

코르텐강 원형 파이프, K 갤러리

배 난 그것을 '리얼리즘'이라고 부르겠어요. 건축가는 자기가
   한 일에 대해 책임질 수 있어야 해요. 프로답게. 건축주, 공무원,
   시공사, 법규 등을 이유로 내 원래 의도는 이랬는데 결과는
   저렇다고 푸념하는 사람은 좋은 건축가가 될 수 없어요.
   '한국성'의 짐도 우리나라의 현실에서 좋은 건축을 만들지 못해
   더욱 무거워진 것 아닌가요.

최 오랫동안 선배들과 동료 건축가들이 한국성을 정의하기 위해
   노력했고 한국적 건축을 만들려고 했죠. 그 과정에서 보이지
   않는 문화적 열등감을 극복하려고 우리 문화의 고유성을
   강조하면서 전통과 혼성적인 결과를 만들고. 책과 여행을 통해
   다른 문화를 접하면서 우리 문화가 다른 문화보다 우수하다거나
   열등하다는 생각에서 벗어난 듯하지만, 아직도 그 뿌리는 깊이
   남아 있어요.

배 아직도 남아 있는 정도가 아니라 더 극성이에요. 전 세계에서
   국가주의와 민족주의가 드세요.

최 우리 문화가 더 우월하다거나 열등하다는 의식 자체가 싫어요.
   물론 축구 시합할 때는 우리나라가 이겼으면 하지만.

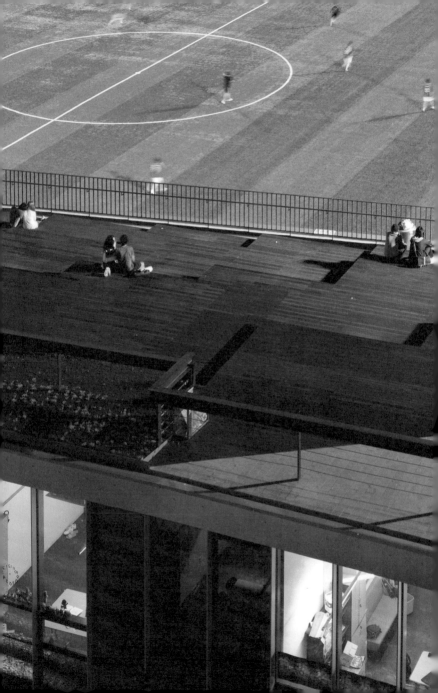

나는 라늘 빼빈 났는 물에가 저 푸른 바다는 헤엄치는 고은꿈은 꾼다. 음 씨느

외로운 청어,
또는 그림에 대하여

최 난 종이가 좋아요. 연필이 종이 위를 지나는 느낌, 종이 위에
   남는 기억도 좋고. 시간이 날 때면 종이를 찾고 그 위에 내
   생각을 남기죠. 이제는 다들 컴퓨터로 그리고 만드니까 이런
   세계가 없어지는 것 같아 아쉽지만.

배 최 교수님 본능인 것 같아요. 그림을 그리는 욕구가 내재하고
   있는 것 같아요.

최 생각을 글로 쓰는 것보다는 그림으로 그리는 게 편해요. 차분히
   앉아서 글 쓰는 걸 잘못하고 좋아하지도 않아요. 계속 긴장해야
   하니까.

배 건축과 직접 관련이 있는 그림도 있지만 대부분 건축과
   상관없는 듯한 그림이에요.

최 온종일 건축만 생각하진 않으니까요. 진행하는 일과 관련된
   그림도 있지만 아무 생각이든 머리에 떠오르면 그리는 게
   많아요. 앞에 종이가 있으면 그려요. 프로젝트가 없을 때

생각하는 물고기 꿈꾸는 남자

역시 묻는 가버리아 되는 밤 99/11.

건축가는 시간이 많아요. 그럴 때 책도 보고 전시회도 가고
이런저런 생각을 하는데, 그러다가 뭐라도 있으면 보고
그리거나 생각을 그림으로 옮기는 거죠.

배 언제부터 이런 스케치를 하기 시작했어요?

최 대학교 2학년, 그러니까 1981년부터 그리기 시작했는데
스케치북이 300여 권 정도 있어요. 시간이 흐르면서 크기
모양이 조금 변하긴 했지만 대부분 작은 스케치북이에요.
유화처럼 오랜 시간을 들이는 그림은 아니고, 아주 짧은 순간에
머릿속에 있는 생각을 옮기다 보니 들고 다닐 수 있는 작은
스케치북에 그려요. 빨리 대충 그리는 스케치가 생각을 잘
옮기는 것 같고 결과도 좋고.

배 '대충'이라고 하지만 즉흥적이고 빨리 그린다는 뜻이죠.
스케치는 긴 시간을 두고 그리는 그림과 달라요. 선배들이 했던
작업을 의식하면서, 장르의 깊은 전통 속에서 겹겹이 의미가
쌓이는 작업이 아니에요. 그래서 즐겁고 자유로워요. 예를 들어
서양의 캔버스 페인팅은 긴 시간과 넓은 공간을 갖고 있어요.
캔버스에 유화를 그리는 화가라면 피에로 델라 프란체스카에서
티치아노, 벨라스케스와 렘브란트를 거쳐 마네와 세잔,
피카소와 폴록 등 엄청난 작가들이 만들어 놓은 전통 속에서
작업해야 하는 부담이 있죠. 그들의 캔버스는 목적이자
결과물이죠.

최 내 스케치는 그런 건 아니에요. 전시하려고 드로잉 한 적이 없고 최종 결과물로 생각한 적도 없어요.

배 그런데 2013년 국립현대미술관에서 디지털 아카이브로 전시되기도 했죠? 하지만 최 교수님 말대로 그 자체가 목적인 미술 작품이 아니고, 도구로 쓰이는 건축 스케치도 아니에요. 만화도 아니고. 내러티브를 추구하지 않아요. 목적도 아닌 것이 도구도 아닌 것이, 그게 매력이에요.

최 디지털 아카이브로 전시된 이유는 일단 양이 많고 나름 신기해서일 거라고 생각했어요. 건축가가 그리는 이상한 그림들이 신기해서. 스케치는 보는 것처럼 대부분 목적이 없어요. 나무나 돌이 많고 음식 그림도 있는데 건축 그림은 적어요. 책의 내용이나 그림을 보고 그리고 실제 가서 보고 그리기도 하는데 아주 빨리 그려서 기억을 되살리는 정도만 남겨요. 다시 펼쳐보면 그때 무슨 생각을 가지고 그렸는지 모르겠는데 저장해 놓은 생각이 발효되어 재미있어요.

배 사람, 나무, 물고기, 같은 대상에 감정이 깊이 투입되어 있는데 그 변주들이 무겁지 않아요. 클래식이 아니라 재즈처럼.

최 나무하고 사람을 그리는 이유는 좋아해서이기도 하고 비슷해 보이지만 다 다르기 때문이에요. 그릴 때마다 얼마나 나무와 사람의 자세가 다양한지 알게 돼요. 그러다가 수직으로 서 있는

받아보려고 펼쳐드니 <u>12.18</u> a6 me

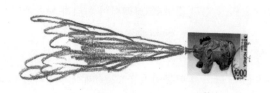

나무가 세상을 오른쪽과 왼쪽으로 나누고 하나의 나뭇가지가
하늘을 붙잡고 있다는 생각도 해요. 물고기도 자주 그리는데
딱히 이유가 있진 않아요. 아주 어릴 때부터 가시가 아주 얇은
청어가 외롭다는 생각을 많이 했어요.

배 최 교수님의 스케치북을 보면 '최문규는 수집가'라는 생각이
들어요. 물건을 수집하는 것이 아니라 신기한 생각을 모으는.
근대적인 박물관이 만들어지기 전에 세상의 신기한 것을 모으는
서양의 수집가들이 있었어요. 주로 귀족. 동물의 뿔, 깃털, 발톱,
뼈, 광석, 그림, 조각, 소라껍데기 등을 모아 만든 '기이한 것들의
방(Wunderkammer)'을 보는 것 같아요. 20세기에 들어와서
보르헤스, 뒤샹, 푸코 같은 사람들이 우리가 잊어버린 분류
체계에 대한 기억을 상기시켜 줬죠. 최 교수님의 그림이 익숙한
분류 체계를 따르지 않는다는 것이 좋아요. 신화에 나올 만한,
초현실주의적인 상상이 담긴 그림. 해석도 안 되고 규정도
안 되지요. 읽지만 해석할 필요가 없는.

최 뭔가를 모은다. 그건 생각이겠죠. 누구 보라고 그린 것이
아니라서 이해가 잘 안되겠지만. 그런데 나는 다시 꺼내보면
다시 생각할 수 있거든요. 프로젝트가 시작되면 스케치북 여러
권에 동시에 그리기도 하고 또 오래된 걸 가끔 다시 뒤적이기도
하고요. 그 안에서 프로그램 해석, 다이어그램, 단면의 깊이 등과
같은 오래된 생각을 발견하기도 해요. 어떤 것은 도시에 대한
생각, 어떤 것은 아주 상세한 디테일을 모아 놓는 스크랩북
역할도 해요.

λμ   96/1106 M—C

I am drawing 11.17 me

배 그런 간단한 스케치가 실제 프로젝트의 디자인 프로세스에서
역할을 한다는 거네요.

최 당연히 쓰이죠. 새로운 일을 시작하고 시간이 지나면 도면이나
모형이 만들어지기 때문에 스케치는 초기 단계에 많이 하는데
단순한 다이어그램인 경우가 많아요. 보통 건축사무실에서
상세히 그리는 '파르티' 스케치가 아니라. 내가 상세히 그리면
누군가가 거기에 자를 대고 그대로 그려서 바로 건물이 되어
버려요. 내비게이션이 세상에 모든 도로를 지우고 하나만
남기는 것처럼 내 스케치가 단 하나의 길로 남고 말거든요.

배 그러니까 생각을 전달하는 것이지 디자인을 전달하는 것이
아니네요.

최 이건 건물이 아니에요. 건물을 이루고 있는 기본적인
다이어그램도 아니고, 그냥 이런 게 가능할까 정도의 생각을
스케치로 남긴 겁니다. 간단한 선으로 그리고 색으로 구분한
건 일반적으로 다이어그램이나 평면에서 기능을 구분하기 위해
색으로 표현하는 걸 살짝 비트는 방법이죠. 여기에는 창이나
문 스케일 같은 우리가 매일 만나는 건축은 없어요. 그 조직을
조금씩 변화시키는 가능성만 보여 주고 있을 뿐 그 이상의
정보나 디테일이 없어요.

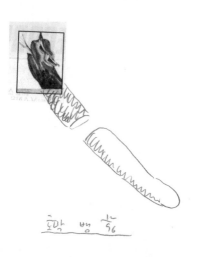

흔다 베 1ㄴ/96

CLOUD

ARE YOU THIRSTY? 121/96 M-C

배   어떤 스케치는 스티븐 홀의 수채화를 생각나게 해요. 스티븐
     홀의 그림은 지어질 공간 형태의 초기 형상화로 결국 그게 최종
     결과물로 나타나잖아요. 최 교수님의 스케치가 훨씬
     자유로워요. 대상이나 주제에서 최 교수님이 뉴욕 유학 시절에
     가까이 지냈던 김차섭 화백의 작업이 보입니다.

최   김차섭 선생님은 생각을 그림으로 표현할 수 있다는 걸 알게
     해 준 분이에요. 잘 못 그려도 지금처럼 생각을 말이 아닌
     그림으로 옮기는 건 그분에게 큰 빚을 지고 있어요. 그분의
     그림을 보고 그린 것도 있어서 비슷해 보이는 것도 있을걸요.
     스티븐 홀의 경우는 조금 달라요. 우선 잘 그리고, 더 섬세하고
     실제 공간을 표현하죠. 내 경우 공간을 만들거나 평면을
     그리기보다는 생각을 시각화하는데 가깝죠. 스케치는 생각을
     빨리 정리하고 다음으로 가는 과정이에요. 그래서 빨리 넓은
     영역을 칠해 구분할 수 있는 수채화 물감을 사용해요. 선은
     가늘고 그림은 추상적이지만, 각각 생각을 보여주는 역할을
     할 수 있는 거죠. 가령 점선과 가는 선은 우리에겐 보이지 않는
     것을 나타내기도 하고 견고한 구조를 변형시킬 힌트를 주기도
     합니다.

배   하지만 최 교수님의 스케치는 건축 설계 과정에서 흔히
     디자인을 '발전'시키는 중간 단계의 작업이 아니에요. 자신의
     설계에 대한 자기 통찰인 것 같아요.

벽이 없는 닭, 2002.

희망은 기대는 사람 2004 M-C

최 그림과 함께 짧게 적어 놓은 메모에 종종 그런 흔적이 남아
있기도 해요. 설계하는 사이사이 잠깐씩 하기에 깊은 사유나
비판적 사고를 담지는 못해요. 대신 메모나 스케치는 그런
복잡하면서 일상적인 과제를 단순화할 수 있는 편리함과
대담함이 있어요. 예를 들어 안과 밖이 연속되는 건축의
가능성을 생각하면서 건물이 아닌 사람의 몸과 투명한 내장을
그리면 좀 더 명확해지거든요. 같은 피부가 연장된 것인데
입속이나 기도, 심지어 위는 외부인지 내부인지, 그 생각을
연장해서 안과 밖을 구분하는 건 무엇인지, 건축에선 어떻게
만들어지는지 등을 생각해볼 수 있는 거죠.

배 현대 건축의 중요한 고민이죠. 안과 밖, 위와 아래…. 그 관계와
경계가 어떻게 만들어지는지, 인공과 자연이 접합하고 교배하는
방식에 대해 고민을 많이 하는 것 같아요.

최 생각을 그림으로 옮겨 그리는 건 복잡한 생각을 단순화해서
쉽게 이해할 수 있게 해주죠. 마치 분자 모형처럼 간단한
그림으로 그려 보면 사회가 만든 건축의 구조를 볼 수 있고
그러면 조금 다른 것을 꿈꿀 수 있어요.

부산물은 나의 힘

배 2010년 "부산물(byproduct)"이라는 제목의 전시를 건축가
장윤규와 같이 한 적이 있죠. 건축 전시는 보통 좋은 사진이나
모형을 가지고 하는데 설계 중간에 나오는 스터디 모형만으로
했어요.

최 다른 사람들에겐 보여 주지 않는 만들었다 버리는 모형을 잔뜩
쌓아서 전시를 했어요. 버려지는 모형에 대한 미안함 때문에.
그때 건축 설계 과정에 세 가지 부산물이 생기는 거구나
생각했어요. 먼저 '시간의 부산물.' 앞에서 말한 스케치죠.
건축주도 없고 건물도 아닌 걸 시간이 남을 때 그리니까 시간이
쌓이는 것이겠죠. 결과는 횡설수설, 페이지마다 별 연관 없는
여러 그림이 남아요. "내 졸린 위를 바라볼 때는 항상 눈이
시리다." 이런 글과 그림인데 나는 이것을 "남는 시간이 만든
부산물"이라 불러요. 다음이 '생각의 부산물.' 책을 읽거나
그림을 본 다음 책을 덮고 기억으로 그림이나 모형을 만들어요.
"밤(night)을 잡아먹는 닭"이나 "잠자는데 배꼽에서 자라는
나무", "상자를 탈출하는 눈알" 같은 것이 여기에 속합니다. 받은
편지에 붙어 있는 우표를 보다가 원숭이를 익사시키기도 하고

새를 새장에 가두기도 해요. 중요한 건 건축이 아닌 생각을
계속하는 거예요.

배 근데 이런 걸 하는 사람들은 대개 건축을 못 해요. 최 교수님이
특이한 것은 저런 걸 그리면서도 건물을 만들어 낸다는
점이지요.

최 그럼 다행이고요. 백일몽을 꾸다가도 바로 설계할 수 있긴 해요.
'노동의 부산물'이 있기 때문일지도 모르겠어요. 그게 앞에 말한
전시회의 주제이기도 해요. 하나의 아이디어로 건물이
만들어지는 것과 달리 나는 좌충우돌 거칠게 생각하면서 일을
해요. 한번은 조성룡 선생님이랑 도시 계획 이야기를 했어요.
"저는 도시 계획에 대해 너무 몰라서 힘들어요."라고 했는데
조 선생님이 "최 교수는 항상 모른다고 해. 겸손도 병!" 진짜로
아는 게 없어서 공부하는 기회로 세종시 도시 계획 현상설계를
했어요. 두 달 정도 도시의 역사, 도시의 정의, 밀도와 밀도의
교환, 조닝 등에 대해서 열심히 공부했어요. 그렇게 제출한 안이
3등 했더니, 조 선생님이 "3등 한 거 보면 도시에 대해 잘 아는
거잖아."라고 하셨어요. 하지만 심사위원 중 한 분이 우리 안을
보고 도시에 대해 전혀 모르는 사람의 작품이라고 말했대요.
정말로 많은 공부를 한 것만으로도 값진 경험이었죠. 그때
모델을 300개 넘게 만들었어요.

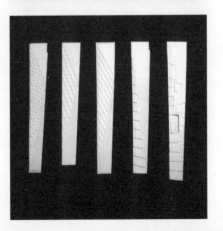

배 그러니까 세종시 현상설계에 참여했던 부산물이 모델 300개와
함께 도시에 대한 지식인 거죠. 역시 떨어졌지만 DDP 현상설계
하면서 만든 많은 모형과 대안으로 고민한 많은 생각이 남아
있고. 실현되지 않았지만 '노동의 부산물'이 가치가 있다고
생각해요. 파주출판도시처럼 많은 건물을 실현할 수 있었던
상황에서도 부산물의 힘이 있었어요.

최 파주출판도시의 건물들은 내겐 시간과 노동의 결과이자
부산물이에요. 파주는 보통의 프로젝트와 완전히 다른 두 가지
조건이 있었어요. 첫째, 도시가 만들어지는 과정이었기 때문에
주변과의 관계를 깊이 생각할 필요가 없었고, 둘째 프로젝트가
모두 출판사였기 때문에 설계 과제가 명확했어요. 그러다 보니
주어진 예산과 건축주의 요구를 충족시키면 문제를 명확하게
규정할 수 있었어요. 하나하나 문제를 규정하고 그것을 푸는
것이 가능했죠. 파주를 숱하게 오가면서 다른 건물을 보고
생각도 많이 하고 많이 배웠어요.

배 다른 건축가가 설계한 건물을 보고 분석하고 배우는 것도
시간의 부산물이네요.

최 그렇죠. 거의 모든 건물의 조건이 비슷하니 내가 하고 있는 것과
바로 비교 가능했어요. 파주출판도시는 내 건축적 생각을 키운
'인큐베이터'이자 학교 같은 곳.

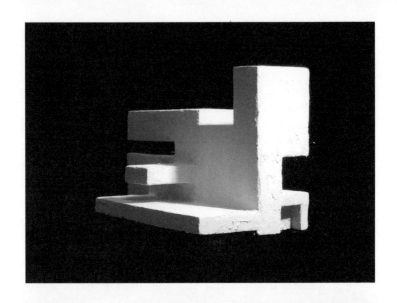

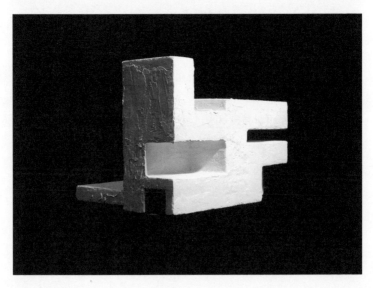

배 그러니까 프로젝트마다 부산물의 성격이 달라요. DDP, 세종시
같은 경우에는 다양한 대안으로 일정한 유형을 생산해 내는
기제가 작용한 것 같고. 다양한 프로젝트를 하면서 생각과
노동이 모여서 차근차근 축적되는 거네요.

최 프로젝트 과정에서 나오는 부산물, 그 기록이 중요해요. 하지만
잘 축적되는지는 모르겠어요. 지어지면 건물이 남지만 지어지지
않으면 모형하고 도면 빼면 남는 게 없고 설사 남아도 아무도
신경 쓰지 않아요. 게다가 남은 걸 팔 수도 없어요. 조금만
지나도 구석구석 여기저기에 모형이 많이 쌓여요. 아쉽게도
1년에 몇 번씩 모아서 쓰레기 봉지에 넣어 버려요. 팔 수 있는
것도 아니고 보관할 수 있는 공간이 없으니까요. 건축 설계의
문제죠.

배 그래서 건축 아카이브, 박물관, 갤러리가 필요해요. 최 교수님은
목천건축아카이브에 쌈지길과 파주출판도시 프로젝트들의
모형을 기증했고 국립현대미술관에 스케치들이 디지털 파일로
아카이빙 돼있잖아요. 가아건축이 축적한 지식과 역량이 여기에
보관된 모형과 자료를 통해 연구되고 전시되면서 확장되는
거죠. 이런 조직이 거의 없다시피한 우리나라의 건축은 아직
문화산업, 지식산업으로 자리를 잡지 못 했다는 반증이죠.
오랫동안 건물을 빨리 많이 지어야 하는 상황에서 건축은 건설
산업의 일부로만 규정돼 왔어요. 건물, 그러니까 건축 과정의
결과물을 만드는 데만 집중하고 그 과정에서 생산되는 지식과

문화에 신경을 쓰지 않아요. 미술은 미술관, 비엔날레, 갤러리,
아트 페어와 옥션을 중심으로 시장이 만들어지지만 역시 연계된
산업이 없어 아주 취약하죠. 예술의 결과물이 시장 가격으로
움직이니까 한계가 명확한 거죠. 작품의 상품 가치가
상대적으로 너무 크기 때문에 미술의 과정과 그 부산물에는
관심이 없어요.

최 건축은 건물주의 주문 생산 시스템이어서 그런 것 같아요.
건축 설계는 누가 시키지 않으면 할 게 없어요. 그래서 부산물을
잘 보관하고 이용하는 게 중요해요. 소를 보면 고기만 먹는
게 아니잖아요. 족도 있고, 꼬리도 있고 가죽하고 뿔도 있는데
건축은 고기만 이야기 하니까.

배 최문규는 고기를 좋아해. 건축 산업을 꼭 축산업과 비교를?

최 그러게요. 건축의 생산 과정에서 나오는 부산물을 말하고
싶은데 왜 고기가 떠오르죠. 패션 산업과 비교해도 건축이
얼마나 결과물에 집중하고 있는지 알 수 있죠.

배 패션 산업 영역은 어마어마하게 넓고 다양하죠. 하이패션에서
패스트 패션 산업까지. 영국, 프랑스에서는 패션, 미술, 공연,
디자인, 건축을 산업으로 보죠. 소위 크리에이티브 인더스트리.
중고등학교부터 교과목으로 학생들에게 가르쳐요. 시장 규모도
크고 부가가치도 커요.

최 내가 부산물이라고 표현했지만 건축 시장과 산업을 지탱하는
기반의 다양성을 말하고 싶은 거예요. 건축도 폭넓은 산업의
영역 속에서 봐야 한다는 걸.

배 그러기 위해서는 무엇보다도 건물만 건축으로 보는 통념을 벗어
던져야 해요. 건축 과정의 생각, 기술, 그리고 흔적도 건축이죠.

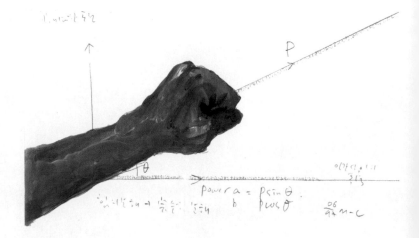

power a = $P\sin\theta$
b $P\cos\theta$

말, 그림, 모형, 건축

최　학교 다닐 때 건축 작품을 보고 설명을 읽으면서 힘들었어요.
　　철학과 미학, 이론물리학, 고생물학 같은 개념을 써서 작품을
　　설명하는데 그 말을 이해할 수 없어서. 이해하려고 열심히
　　철학책 읽고 물리학도 읽었는데 더 모르겠더라고요. 겨우
　　이해해도 '그 말이 저 건물과 무슨 상관이야.'라는 좌절과 분노가
　　생기고.

배　건축가가 자기 작품을 설명하는 말도 그렇지 않나요?
　　인터넷이나 잡지에 나온 건물은 대부분 나름의 생각을 그림이나
　　글로 설명하고 있지만 잘 이해가 되나요? 요즘의 문제는 오히려
　　반대인 것 같아요. 프로젝트에 생각과 말을 연계하여 건축
　　담론을 만드는 문화가 사라졌어요.

최　그것도 문제이긴 하죠. 이제는 사진만 중요하고 글과 말은
　　사라지고 있으니까요. 건축이 단지 사진 이미지일 뿐 아무런
　　설명이 없을 때는 정말 건축이 어디로 가고 있나 답답하죠. 웹진
　　《아키데일리》를 보면 건물의 평면도도 제시되지 않을 때가
　　있어요.

인간이 늘어미오 낡는 눈안지고 보한다. 종 ~~

배 《아키데일리》식 건축 보여 주기에서는 건축 담론의 편집이
   없어졌어요. 사진 한 장씩 차례대로 보죠. 지난 150년, 근대적인
   건축 매체의 탄생 이후 담론의 형식이 계속 변해 왔어요. 20세기
   초까지는 평면, 단면, 입면을 보여 주고 이들 사이의 관계를
   읽도록 하는 방식이 지배하다가 사진, 도면, 텍스트, 다이어그램
   등 지면에 있는 여러 매체를 오가도록 편집 방식이 바뀌었어요.
   졸고 《포트폴리오와 다이어그램》의 주제이죠. 앞으로도 건축을
   보여 주고 건축을 읽는 방식이 계속 바뀌겠죠.

최 어떤 건축가는 자기의 작품을 설명 없이 보통 사진만으로 보여
   줘요. 다른 건축가는 처음에 그렸는지 모를 스케치하고 사진
   몇 장을 보여 주고. 어떤 과정으로 그 건물이 만들어졌는지, 어떤
   대안이 있었는지는 전혀 알 수가 없어요. 우리나라 잡지에 이런
   과정으로 설계하고 있다는 걸 내가 거의 처음 보여 줬던 것
   같아요. 나는 이런 과정을 통해서 내가 고민한 것을 공유하고
   소통하고 싶었어요.

배 말과 글, 그림과 도면, 모형과 건물, 이 모든 것이 사회가
   공유하고 소통의 장 속에 있어야 하기 때문이죠.

최 공유하고 소통하는 장이 우리가 사는 세상이니까 공부가 필요한
   거예요. 사람에 대한 이해, 다른 이들의 생각. 그냥 말만 하고
   건물은 자신의 스타일로 만드는 것이 아니라 우리가 사는
   세상에 대해 생각하고 만들어야 해요. 젊었을 때는 설계하면서

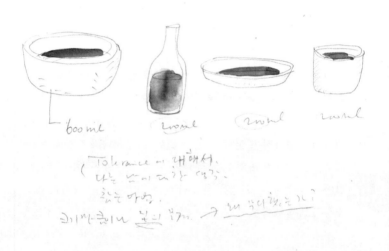

600ml   200ml   200ml   200ml

Tolerance 에 대해서.
(나는 눈에 보기좋 였음.
     좋은 이상.
그기가 중이나 불의 양깨. → 내 무의식은 는거?

뭔가 멋진 개념이 있어야 한다는 강박관념이 있었어요. 그런데 그렇게 만든 개념이 건물과 잘 연결되질 않아요. 그래서 정확하고 명쾌한 언어로 건물을 가능한 생각에 가깝게 만들어 보겠다는 게 지난 20년간 내가 한 일이에요. 그러다 보니 필요 없는 비례나 장식 같은 것이 많이 생략되고. 결과적으로 내 건물에서 개인적 감각이나 과도한 제스처가 없어지더라고요. 그 결과 건물이 담담하고 슴슴해졌는데, 이게 앞서 말한 재능 부족인가?

배 재능의 문제라기보다 소통의 문제겠죠. 직원한테, 현상설계 심사위원 앞에서, 건축주에게, 잡지나 인터넷에 올릴 때, 대중을 상대로 강연하거나 글을 쓸 때. 건축가는 자기의 프로젝트를 말, 글, 그림, 동영상, 모형으로 소통할 수 있는 능력이 필요해요.

최. 그걸 조금이라도 명쾌하고 정확히 하고 싶었던 거죠. 학생들에게 이런 과제를 낸 적이 있어요. 자기가 자는 방을 글로 묘사해 와라. 그다음 주에는 그 방을 스케치해 보고 또 그다음 주에는 사진을 찍고 다음엔 모형을 만들게 해요. 그리고 그 글을 친구한테 줘서 읽고 스케치를 하도록 하고 자기가 그린 첫 스케치와 비교해 보라고 해요. 이건 건축을 만드는 글과 그림, 사진과 모형이 같은 것을 표현하는 다른 수단이라는 걸 알게 하기 위해서죠. 생각이 그림이 되고 도면이 되고 건물이 되는 과정과 만들어진 건물을 다시 어떻게 설명할 수 있는가를 찾는 과정.

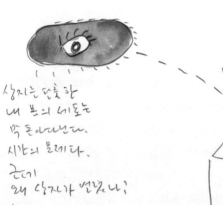

상자는 단출한
내 몸의 내일는
막 돌아다닌다.
시간의 문제다.

근데
왜 당지가 업었니?
누구야.

99. ㅆㄷ

배 재밌지만 어려운 과제네요. 말과 그림, 그림과 건물 사이의 깊은
   계곡을 건너가야 하니까. 논리와 계산만으로는 건널 수 없는
   간극이죠. 여러 사람과 대화를 하고, 스케치하고, 모형을 만들고,
   목업도 만들고, 시뮬레이션도 하고, 여러 가지 방식으로 심연을
   건너가는 거죠. 말, 그림과 모형, 집을 오가는 것이 건축.

최 점점 그 능력이 중요한 시대가 되어 가요. 설명이 안 되니
   모형을 만들고 3D 모델링과 영상을 동원하죠. 앞으로 VR도
   보편화되겠죠. 이렇게 프레젠테이션 기법이 엄청나게
   발달했는데도 말이 여전히 중요한 건 아마 인간이 이야기
   동물이기 때문일 거예요. 사실 다른 사람이 내 말을 알아듣는
   게 굉장히 신기한 거예요. "옛날 옛날에 할머니가 산속에서
   살았는데…" 여기까지만 들어도 머릿속으로 그림이 그려지고
   다음 이야기가 궁금하죠. 정말 아름다워요. 아마 인간의 오래된
   유산이겠죠. 건축에 아직도 그 아름다움이 남아 있고, 있어야
   한다고 생각해요.

배 모든 사람이 "옛날 옛날에 할머니가 산속에 살았는데…"라는
   이야기를 듣고 그림을 떠올릴 수 있는 건 아니에요. 감수성의
   바다, 철학의 땅, 생각의 강, 최 교수님은 이러한 여러 지형을
   오갈 수 있는 품성(이것이 재능인가요?)이 있고, 그럴 수 있는
   훈련을 받아 가능한 것 아닌가요?

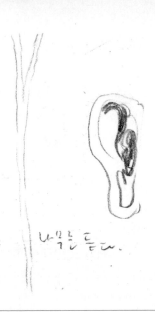

ㄴ ㅑ ㅗ ㅗ ㅜ ㅡ ㅜ.

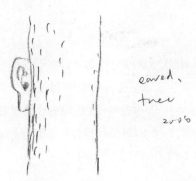

eared.
tree
2006

최　아이들은 이야기를 듣자마자 바로 머릿속에 이미지를
　　떠올리는데, 굳이 훈련이 필요할까요? 건축 언어가 이야기에서
　　멀어져서 우리가 지금 못하는 거지 그리 어렵지 않아요.

배　훈련이 잘못되어 더욱 어려워진 것이겠죠. 관료적으로 세상을
　　문과와 이과로 나누니까. 최 교수님의 스케치가 "생각을 시각화"
　　하는 것이라고 했잖아요. 생각과 시각을 오가면서 남들이 그
　　스토리를 알아듣게 하는 것이 얼마나 어려운 일인데요.

최　쌈지길이나 현대카드 뮤직 라이브러리는 사진 없이도 아주
　　간단하게 설명할 수 있잖아요. 지금 사는 세상에 조금 다른
　　건물을 만들어서 누구나 이해할 수 있는 쉬운 말로 설명할
　　수 있게 하는 건데 너무 어렵나요?

배　천일야화를 전하는 세헤레자데의 능력, 미친 왕까지 사로잡을
　　수 있는 스토리텔링의 능력은 아무나 갖는 것이 아니잖아요.
　　세헤라자데가 왕에게 가기 전에 엄청나게 리서치를 했죠. 많은
　　공부와 용기가 필요해요. 말과 그림, 촉각과 공간을 오가는
　　상상력. 물론 아무 생각이 없으면 고민도 없고 간단하죠. 생각이
　　없으면 건너야 할 심연도 없잖아요. 생각이 있어 설계를
　　시작하면 힘든 거죠. 넘어가야 하니까.

유용 나무라고한다.

나무에도
힘이있다
그속에는
아무것도없다
그사이간에
그대로 있어가 --

21
유용 나-ㄷ

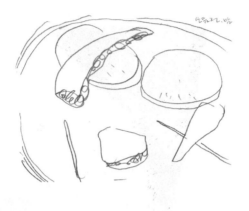

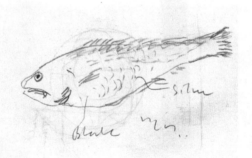

그대이미
있는인가요

밥

밥이다
그밥은
녹였다,

2003/07/18 me.

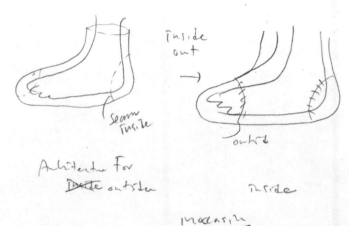

inside
out
→

seam
inside

outside

inside

Architecture For
~~Date~~ outside

Moccasin

222

건축은 질문이다

최 "의심은 아름답다." 내 좌우명이에요. 유하 시인의 "오징어"라는 시의 마지막 행 "의심하라 모오든 광명을" 과도 통할 거고. 사는 세상에 대해, 내가 살고 있는 세상과 내가 하고 있는 건축에 대해 계속 의심하고 질문하는 거죠. 거기에는 어제의 나도 포함해서.

배 내가 가장 경계하는 사람이 확신에 차 있는 사람이에요. 그래서 최 교수님을 좋아하나 봐요. 진실된 교인과 이야기를 나눠보면 인간 세상에 대한 의심이 신앙의 근본이더라고요. 확신에 차면 생각할 필요가 없잖아요. 믿는 자에게 생각은 자기의 확신에 대한 전략일 뿐. 그런 건축가들도 많아요.

최 그렇죠. 나는 건축가가 해답을 만드는 사람이라고 생각하지 않아요. 내가 해야 할 일은 내가 사는 세상만 최선이라는 걸 의심하고, 질문을 만들어 내고 그 중 가능한 답 중 하나를 건물로 보여 주는 거예요. 중요한 건 지금의 삶, 생각, 건축이 최선이고 유일하지 않고, 질문이 가능하다는 것이지 내가 새로운 해법을 만들었다는 게 아닙니다. 왜 우리가 다니는

학교는 이런 모습일까? 운동장은 노는 곳인가 운동을 교육하는 곳인가? 학생회관 안에는 무엇이 더 있을 수 있는가? 그걸 정확히 알고 있는 언어로 표현하고 건축으로 대안을 조심스럽게 만들고 싶은 거예요.

배 운동장을 바꾸려면 건축가 혼자서 그런 질문을 던지는 것이 아니라 학생, 교사, 학교 이사장, 동네 주민, 교육청도 함께 질문에 동참해야죠. 건축가는 작가이기보다는 기획자이고 코디네이터가 되어야 하죠.

최 나는 건축가니까 "내 작품을 즐겨라."하기보다는 앞으로 건물을 사용할 사람들과 함께 굳어버린 얼음 덩어리가 아닌 다른 세계를 꿈꾸고 싶어요. 그러다보니 내가 잘 드러나는 "내 건축"을 만드는 것에는 관심이 적어요. 내가 설계한 집이 예쁜지, 그 비례가 좋은지는 평가도 어렵고. 내가 틀렸을지도, 설계를 못 할지도 모르니까요. 그것보단 땅이 이렇게 생겼을 때 어떻게 설계를 해야 하는지, 프로그램의 배열을 바꾸는 방법은 없는지, 구조와 재료의 새로운 해법이 있는지 같은 질문을 하는 것이 즐거워요.

배 건축에 대한 질문이 우리가 사는 세상에 대한 질문이죠. 그러면 내가 하는 일이 건축인지 아닌지가 중요하지 않아요. 그럼 "건축이란 무엇인가? 좋은 건축이란 무엇인가?" 그런 자기 집착과 관념적 원리주의가 무의미해져요.

house with
every function

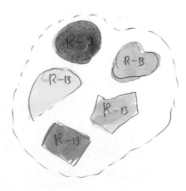

house with
different rooms

$$\frac{04}{2007}$$

최　건축을 배우면서 신비하고 관념적인, 결국에는 개인적인 건축은
　　내겐 이해하기 어려운 세계였어요. 창의성을 믿지 않는 것은
　　아니지만, 조금 더 소통 가능한 건축적 제안을 찾고 싶었던
　　거예요. 그러기 위해 지금 우리의 삶과 건축을 이해하면서
　　새로운 건축적 대안을 찾을 수 있겠다 생각해요. 땅을 알고
　　건축주의 말을 듣고 거기에 세상에 대한 의심과 호기심을
　　넣으면 이전과 다른 건축이 만들어질 수 있다고 믿는 거죠.

배　그런 내적 과정이 공간, 산업, 프로그램, 사는 방법으로 확장되고
　　환원되죠. 그리고 그 속에서 건축가의 책임과 의무, 역할, 이
　　모든 것이 사회와 공유되어야죠.

최　그 과정에서 문제의 성격이 무엇인지를 잘 규정해야 합니다.
　　어떤 프로젝트는 공간의 문제고, 어떤 프로젝트는 사람의
　　관계를 푸는 도시의 문제이니까. 냉정하고 담담하게 사회와
　　건축 전체적인 상황을 이해하고 프로그램을 논리적으로
　　분석합니다. 그걸 혼자 하지 않고 건축주, 같이 일하는
　　친구들하고 계속 고민을 하죠. 우리는 지금 뭘 하고 있는가?

배　좋은 질문, 정확한 질문을 던지려면 냉정하면서도 애정이
　　있어야 한다고 생각해요. 내가 좋아하고 관심 있는 것이 있어야
　　거기에 몰입합니다. 얼마 전에 내가 정말 건축을 좋아한다는
　　것을 새삼스럽게 알게 됐어요. 알바루 시자에 대한 원고를
　　쓰기로 해서 리스본과 포르투를 양축으로 시자 건축 답사

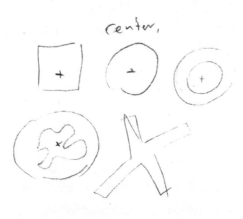

center,

무게중심....

계획을 다 세웠는데 가기 직전에 발목이 부러진 거예요. 그런데 모든 것이 다 예약되어 있어 목발을 짚고 열흘을 혼자 다녔어요. 시자 건축은 특히 안팎을 걸어 다녀야 하잖아요. 절뚝절뚝 발이 너무 아픈데 보러 다니는 게 너무 즐거운 거예요. 안을 보면 그 밖이 보고 싶고, 한 건물을 보면 다른 건물이 보고 싶고. 계속 궁금한 것이 생기는 거예요. 시자에 대한 질문이, 건축에 대한 질문, 도시에 대한 질문으로 확장되었어요. "어떻게 저런 걸 했지, 왜 그렇게 하는 거지?" 반면 어떤 유명한 건축가는 건물을 여러 개 보면 지루해서 보기가 싫어질 정도잖아요. 시자 건축의 빛과 공간이 멋진데, 멋진 장면을 연출하는 건축은 많죠. 시자 건축의 감각은 질문을 부르는 힘이 있어요.

최 아름다운 비례와 멋진 공간, 빛과 그림자의 연출은 건축의 중요한 부분이죠. 형이상학적 수사와 관념도 그렇고. 그런데 내 관심은 거기서 점점 멀어져 가고 있어요. 그 자리를 질문이 대신하는 거고.

배 질문을 안 하면 시작도 못 하죠. 설계에서도 그렇고 학문에서도 그렇고 출발은 질문이죠. 논문을 쓰기 시작하는 학생들에게 물어보죠. "좋아하는 것이 뭐냐? 거기서 궁금한 것이 무엇이냐?"

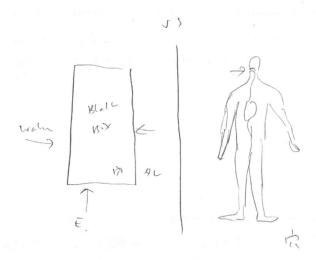

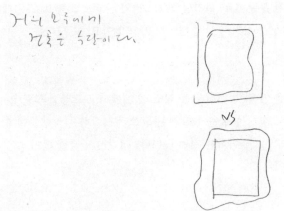

거느 오늘에게
간을 두랑이다.

최　세상에 대한 호기심이 없다면 새로운 걸 볼 수 없겠죠. 호기심을
　　가지고 보면 세상의 지금 모습에 대해 이게 전부이고 최선인가
　　하는 의심과 대안의 가능성에 대해 질문이 생겨요.

배　의심이 많으면서도 실천의 힘을 가질 수 있는 이유는 하는 일의
　　원칙을 알고 있기 때문이라 생각해요. 내가 정의로운 사회를
　　단지 믿는 것이 아니라 그 원칙이 무엇인지를 알고 그에 따라
　　행동하는 거죠.

최　내가 내일도 계속 설계할 수 있을까요? 그러려면 에너지가
　　필요한데 의심과 질문을 못 하면 설계할 수가 없을 것 같아요.
　　내 건물은 "아름답다"라는 말을 들은 적은 별로 없어요.
　　그보다는 "생각이 새롭다"라는 말을 많이 들어요. 이런 "조금
　　다른 생각을 했다."라는 말에서 내일 또 일할 힘을 얻어요. 그게
　　없으면 지쳐요. 매일의 의심과 질문 그리고 새로운 생각이 나를
　　지탱하는 힘이에요.

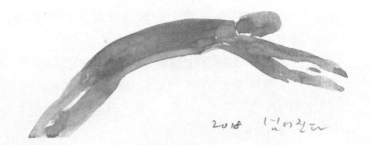

2018 남이랑다

잠은 한껏 산뒤에
봄은 허리에 봄을 지긋는 넘에는 시작한다.

음~~

표지 나무 뒤로 숨다

2 날으는 색들

12 사람 사이의 강

14 칼자루를 쥐고

15 칼자루만 있는 칼, 서로 칼자루만
쥐고 있다

16 뜸

18 뜬 돌(浮石)

20 등에 돌을 붙이고

22 무제

24 꼬리를 문 뱀

26 뱀은 항상 기다린다

28, 30, 32, 34 나무

36 위, 아래 왼쪽: 나무
아래 오른쪽: 여행하는 나무

38 위: 머리를 빠져나가는 구름
아래: UFO와 교신하는 원형 탈모

40 위: 소리 지름
아래: 메아리

42 위: 푸른 직각삼각형을 향해
아래: one foot

44 위: 발에 구멍이 난다
아래: 피곤이 센다

46 카프카의 글을 읽고

48 S연수원 스터디 모형

50 Liquid City 스터디 모형(세종시
행복중심복합도시 중심행정타운
조성 국제공모전, MPPAT)

52 헤이리 G29 스터디모형

54 WDPC 스터디모형(Dongdaemun
World Design Park & Complex)

56 두바이 엑스포 한국관 스터디 모형
58 위: 오렌지튜브 평·단면
    아래: 정한숙 기념관
60 위: 사이-(관계)
    아래: 딸기가 좋아
62 헤이리 G29
64 위: 숭실대학교 학생회관
    아래: 무제
66 문어, 미꾸라지, 헤이리 G30
68-69 연세대학교 진리관, 송도
    ©남궁선
70 내 졸린 위를 바라보는 때는 항상
    눈이 시리다
72 내 눈을 통해 탈출하는 간밤의 꿈
74 위: 나무상자 속의 나무
    아래: 배꼽에서 자라는 나무
76 위: 숲에서 도망치는
    아래: 무제
78 낙원 추방
80, 82 나무 뒤로
84 나를 바라보는 눈
85 눈을 뜨고 꿈꾸는 나무
86 코쿤 스케치
88 코쿤 정면 사진
90 코쿤 측면 사진
92 글쓰는 근육 스터디
94 타자기 스터디
96 손근육 스터디
98 위: 신체 단면
    아래: 코쿤 스터디 단면

100 봄/색
102 봄 산속에 숨다
104 Anselm Kiefer의 그림을 보고
106 위, 아래 왼쪽: 오늘도 걷는다마는
    아래 오른쪽: 하늘 바라보기
108 위: 잠
108 아래: 나무 바라보기
110-111 쌈지길 ©배형민
112 현대카드 뮤직 라이브러리
    ©남궁선
114 쌈지길 ©김종오
116 태학사 ©김종오
118 숭실대학교 학생회관 ©남궁선
120 서울시립대학교 100주년 기념관
    ©남궁선
122 연세대학교 진리관, 송도 ©남궁선
124 알바루 시자가 설계한 성당, 포르투
    근교(Santa Maria Church, Alvaro
    Siza)
125 산 탄젤로 성, 로마(Castel
    Sant'Angelo)
126 하드리안 빌라, 로마 근교(Hadrian
    Villa, Tivoli, Italy)
127 카라칼라 대욕장, 로마(Terme di
    Caracalla)
128 마르세유에서
129 뮌헨, 빈에서
130 훗카이도에서
131 스템팔리아, 베니스(Fondazione
    Querini Stampalia)
132 중정주택 변환

134 위: 평면 타이폴로지
    아래: 배치 타이폴로지
136 위: 1/2 볼륨
    아래: 사다리꼴 집합주거
138 단면 스터디
140 쌈지길 스터디 모형
142 평면 스케치
143 평면 스케치
144 평면, 단면 스케치
145 X, Y, Z
146 평면 스케치
147 오목, 볼록
148 남에게 배우는 금언
150 4개 평면, 3개 중정
152 헤이리 G30 스케치
154 독서지도회 입면 스케치
156 입면 스터디
158 태학사 입면 스케치
160 위: 서해문집 임면 스케치
    아래: 태학사 입면 스케치
162-163 현대카드 뮤직 라이브러리
    ⓒ남궁선
164 흑색 쇄석 붙임, 독서지도회
    ⓒ남궁선
166 유로폼 노출 콘크리트, 창고미술관
    ⓒ남궁선
168 압출성형 시멘트패널, 독서지도회
    ⓒ남궁선
170 전벽돌 반토막 치장쌓기, 쌈지길
    ⓒ김용관

172 위: 법면녹화, 딸기가 좋아
    아래: 녹화마대(인공토양채움),
    딸기가 좋아 ⓒga.a architects
174 스테인리스스틸 슈퍼미러, 정한숙
    기념관 ⓒ남궁선
176 코르텐강 원형 파이프, K 갤러리
    ⓒ김용관
178-179 숭실대학교 학생회관
    ⓒ남궁선
180 외로운 청어
180 생각하는 물고기 하늘을 날다
184, 186, 188, 190 우표 그림
192 위: 밤을 먹는 닭
    아래: 희생을 기다리는 새장
194 헤이리 G29 스터디 모형
196 WDPC 비렌딜트러스 구조 스터디
    모형(Dongdaemun World Design
    Park & Complex)
198 위: WDPC 스터디 모형
    (Dongdaemun World Design Park
    & Complex)
    가운데: 창고미술관 스터디 모형
    아래: 숭실대학교 학생회관
    스터디 모형
200 서해문집 스터디 모형
202 부산물
204 버려지는 스터디 모형들
206 힘의 분해: 땅, 하늘
208 알 안에 갇히면 밖은 봄인지도
    모른다
210 관용에 대해서

212 상자를 탈출한 내 몸의 세포.
    누구야!
214 위: 나무를 듣다
    아래: 귀가 있는 나무
216 위: 나무가 나눈 세상
    아래: 나무 사이 세상
217 나무에 갇힌 하늘
218 위: 모듬전
    아래: 민어
219 위: 밥과 달 사이
    아래: 고봉밥
220 무제
221 스케치북
222 양말 뒤집어 신기
224 이 물고기의 입 안은 외부인가,
    내부인가
226 평면 스터디
228 위: 무게중심 찾기
    아래: 무게중심
230 위: 안과 밖
    아래: 거의 모두에게 건축은
    수단이다
232 넘어진다
233 잠을 한껏 잔 뒤
234 배형민의 서재 ©배형민
235 최문규의 수첩 ©최문규
240 유하의 "오징어"와 장 콕토의 말

「오징어,
눈물의 나 빛!
...한 리빛
그러나 저건
죽음이라
...일하나
오오늘 림명은

- 유리 -

항상의 빛이나
빛있으나 아름
오늘 꿈을
내가 본 아닌것은
죽음과 가깝히 하는것이
없다
(J. Cocteau)
└ 죽음은 그나의 가나기까를
친구나기 ~~~~~
아름다우리 ~~